Wolfgang Pölzer

TAUCHREISEFÜHRER KROATIEN

Wolfgang Pölzer

TAUCHREISEFÜHRER KROATIEN

Delius Klasing
EDITION NAGLSCHMID

Bibliografische Information Der Deutschen Bibliothek
Die Deutsche Bibliothek verzeichnet diese Publikation in der Deutschen Nationalbibliografie; detaillierte bibliografische Daten sind im Internet über »http://dnb.ddb.de« abrufbar.

3. Auflage
ISBN 3-89594-069-0

Herausgeber: Dr. Friedrich Naglschmid
Umschlaggestaltung: Buchholz / Hinsch / Hensinger, Hamburg
Fotos (einschließlich Titel): Wolfgang Pölzer
Druck: Kunst- und Werbedruck, Bad Oeynhausen
Printed in Germany 2003

Vertrieb: Delius Klasing Verlag, Siekerwall 21, D-33602 Bielefeld
Tel. 0521/559-0, Fax 0521/559-115
e-mail: info@delius-klasing.de
www.delius-klasing.de

Inhalt

Vorwort

Nach 5 Jahren Bürgerkrieg und dem Ausbleiben der Touristen ist nun endlich wieder Ruhe eingekehrt. Die Renovierungsarbeiten oder Erneuerungen der alten, verstaatlichten Hotelanlagen sind längst im Gange und vielerorts bereits abgeschlossen. Man sieht unverkennbar das Bestreben der Leute, ihr Land auf Vordermann bringen zu wollen. Ansätze der Mülltrennung sind ebenso ersichtlich wie die Strafverfolgung von Umweltsündern. All diese Zeichen künden ein Umdenken an, eine Entwicklung in die richtige Richtung.
Erste Früchte der Mühe sind ein kräftiges Wirtschaftswachstum im Jahre 1996. Und auch die stark steigenden Übernachtungszahlen weisen darauf hin – Kroatien liegt voll im Trend!
Nicht nur aus dieser Überlegung heraus kam ich auf den Gedanken, einen Tauchreiseführer über Kroatien zu schreiben. Als Taucher habe ich in den vergangenen 10 Jahren besonders das Nahziel Istrien kennen und lieben gelernt. Beim Verfassen meiner meeresbiologischen Diplomarbeit verbrachte ich ungezählte Stunden unter der Wasseroberfläche der nördlichen Adria. Dabei lernte ich so ganz nebenbei Land und Leute kennen und erhielt Einblicke in ein Leben weit abseits der Touristenpfade.
Als (UW-)Fotograf versuche ich die Schönheit der maritimen Landschaften und Lebewesen einzufangen. Unumstritten würde die Adria bei einem Vergleich mit den Malediven schlechter abschneiden – aber solche Vergleiche anzustellen ist wenig sinnvoll! Die Reize vor der kroatischen Adriaküste liegen nicht nur im Kleinen, an den unwahrscheinlich bunt gefärbten Nacktschnecken, Garnelen, Anemonen oder Moostierchen. – Nein! – Ich erinnere mich an Tauchgänge in tiefblauem, klarem Wasser inmitten leuchtendroter Gorgoniengärten, zwei Meter langen Congeraalen sowie kiloschweren Lobstern, die ihre Scheren fotogen aus jedem Loch streckten. Ich erinnere mich an Begegnungen mit Brassenschwärmen, Katzenhaien und Zitterrochen, aber auch an zahllose Wracks, Höhlen und Grotten...
Dieses Buch sei all jenen ein Führer, Ratgeber und Begleiter, die das „mare nostrum“ unter der Fülle von tropischen Tauchdestinationen und Last-minute-Angeboten noch nicht vergessen haben oder erst entdecken wollen. Ihnen wünsche ich unvergessliche und erlebnisreiche Tauchgänge.

Kuchl, im Frühjahr 2003

Mag. Wolfgang Pölzer

Allgemeines

Kroatien liegt nur wenige Autostunden vom Herzen Europas entfernt. Der Weg in dieses faszinierende Land ist näher, als Sie vielleicht bisher geglaubt haben. München und Rijeka trennen nur 400 km Luftlinie und 571 km auf der Straße. Die kroatische Adria ist das für den mitteleuropäischen Sporttaucher am nächsten gelegene „warme" Meer. Knapp 1800 km Küstenlinie sowie 1185 vorgelagerte Inseln der unterschiedlichsten Größe bieten eine schier unerschöpfliche Vielfalt an Tauchmöglichkeiten.

Das mediterrane Klima mit seinen trockenen, heißen Sommern und den milden Wintern bietet dem gestressten Mitteleuropäer das ganze Jahr über Abwechslung und die Möglichkeit zur Erholung.

4,8 Millionen Menschen bewohnen das Land, das eine Fläche von 55 920 km^2 umfasst. Kroaten bilden die Mehrheit der überwiegend katholischen Bevölkerung; Slowenen, Ungarn und Serben, von denen viele geflohen sind, leben als Minderheiten auf kroatischem Staatsgebiet. Amtssprache ist Kroatisch, eine slawische Sprache, die seit dem 14. Jahrhundert in lateinischen Buchstaben geschrieben wird. Trotzdem ist das kyrillische Alphabet noch weit verbreitet und gesetzlich anerkannt.

Nach dem Fall des kommunistischen Regimes und nach den ersten freien Wahlen im Frühjahr 1990 wurde Kroatien mit seiner Hauptstadt Zagreb zu einem Land mit parlamentarischer Demokratie. Als einer der jüngsten europäischen Staaten gilt er erst seit Anfang 1992 als völkerrechtlich anerkannt.

Die wirtschaftliche Situation wurde durch den jahrelangen Bürgerkrieg stark beeinträchtigt. Als Hoffnungsträger Nummer eins gilt nach wie vor der Tourismus. In den besten Jahren kamen jährlich ca. 10 Millionen Besucher, hauptsächlich aus westeuropäischen Ländern.

Der kroatische Tourismus kann auf eine lange Tradition zurückblicken:

Die Stadtrepublik Dubrovnik war schon im 14. Jahrhundert auf Reisende eingerichtet, die aus geschäftlichen oder aus privaten Gründen in die Stadt kamen und dabei natürlich auch die Schönheiten Dubrovniks zu genießen wussten. Schon damals wurden die ersten Herbergen gebaut.

Der moderne Tourismus begann erst mit dem Ausbau der Verkehrswege, besonders der Eisenbahn, in der 2. Hälfte des 19. Jahrhunderts. Der erste Hotelgasthof

Kroatien: einsame Kiesbuchten und kristallklares Wasser!

wird 1848 auf der Insel Hvar erwähnt, in Dubrovnik wurde das erste Hotel sechs Jahre später erbaut. Nur wenige Jahre danach eröffneten die ersten Hotels in Opatija, Crikvenica und weitere in Dubrovnik. Von da an nahm die Entwicklung eines internationalen Tourismus ihren Lauf.
Der Trend geht mittlerweile auch hier weg vom Massentourismus mit seinen Betonburgen und überfüllten Stränden, hin zum sanften Tourismus, im Einklang mit Natur und Kultur.

Übrigens, wussten Sie schon, ...

... dass es ein Kroate war, der im Jahre 1906 den Kugelschreiber und den ersten Füllfederhalter erfunden und zum Patent angemeldet hat? – der Ingenieur S. E. Penkala.

... dass die Krawatte eng mit Kroatien verbunden ist? Warum? Weil das kroatische Heer sich seit dem 17. Jahrhundert mit diesem Stückchen Stoff um den Hals schmückte. Von Kroatien aus trat die Krawatte ihren modischen Siegeszug um die ganze Welt an. Nachzulesen übrigens in der französischen Enzyklopädie.

... dass es in Dubrovnik schon im 14. Jahrhundert eine staatliche Krankenversorgung gab? Bei Epidemien wurde auf Staatskosten eine Quarantäne durchgeführt, bei der die Kranken auf vorgelagerten Adriainseln isoliert wurden. Diese Einrichtung bestand fast so lange wie die freidenkerische, eigenständige Republik Dubrovnik – viereinhalb Jahrhunderte.

Geschichte

Das heutige Staatsgebiet von Kroatien hat eine bewegte Geschichte hinter sich. Bereits in der jüngeren Steinzeit war der Balkan eine Nahtstelle der Kulturen zwischen Orient und Okzident – Morgenland und Abendland – Osten und Westen. Über diesen Raum gelangten die „neuesten Erkenntnisse“ von Ackerbau und Viehzucht sowie dem Kunsthandwerk nach Mitteleuropa.
Etwa ab 1000 v. Chr. siedelten verschiedene illyrische Stämme aus Eurasien an die Adriaküste. Unter ihnen waren die Histrer, auf die vermutlich der Name Istrien zurückzuführen ist, sowie die Dalmater, denen Dalmatien seinen Namen verdankt. Einige Jahrhunderte später drangen Kelten in das heutige Kroatien vor, was zu einer illyrisch-keltischen Mischbevölkerung führte.
Im 5. Jahrhundert v. Chr. landeten die ersten Griechen und versuchten vor allem Dalmatien zu kolonialisieren. Dabei stießen sie jedoch auf heftigen Widerstand der illyrischen Ureinwohner. Dennoch kam es im Laufe der Zeit zu einer Vermischung der Völker und Kulturen.
200 v. Chr. erschienen die Römer an der östlichen Adriaküste. In den Jahren um Christi Geburt war schließlich das gesamte Territorium der Illyrer erobert und als römische Provinz „Illyricum“ ausgerufen. Römische Bürger siedelten sich an, Städte wurden gebaut und es kam zu einer allgemeinen Entfaltung einer neuen, römisch geprägten Kultur. Städte wie Pula oder Zadar künden noch heute mit ihren gut erhaltenen Amphitheatern, Kirchen und Befestigungsbauten von dieser Zeit.
Nach der Teilung des Römischen Reiches fielen große Teile der östlichen Adriaküste zuerst an die Germanen, dann an die Ostgoten und schließlich an Byzanz. Später führte die Völkerwanderung Awaren und Slawen bis ans Meer. Sie plünderten viele Städte, lebten aber selbst vorwiegend in kleinen Dörfern im Hinterland. Einer dieser slawischen Stämme war der der Kroaten. Sie ließen sich in Istrien, Dalmatien und der pannonischen Tiefebene nieder und drangen von dort schließlich auch bis in die Kvarner Bucht vor. Mitte des 9. Jahrhunderts begründeten sie das kroatische Königreich, das allerdings nur zwei Jahrhunderte währte. Bereits im 10. Jahrhundert versuchte auch Venedig sich der Küstenstädte Istriens zu bemächtigen. Im Landesinneren kämpften verschiedene deutsche Adelsgeschlechter und später die Habsburger gegen die aufsteigende Adriamacht Venedig (und in ihrer Nachfolge Österreich gegen Italien).
Die Zeit der Türkenkriege brachte viel Leid und Zerstörung über weite Teile von Istrien und Dalmatien.

Die Adelsberger Grotten (Postojnske jame) sind ein lohnender Abstecher ins benachbarte Slowenien. Die gigantischen Tropfsteinformationen können täglich bei zahlreichen mehrsprachigen Führungen bewundert werden (oben). Im Hinterland von Sibenik erwartet einen ein einmaliges Naturschauspiel, die Krka-Wasserfälle. Über 17 Stufen stürzt der Fluss in glasklare Kalksteinbecken – Baden erlaubt!

Dornige Macchia und Nadelbäume beherrschen die Küste Kroatiens.

Typisch sind die Föhrenwälder, die allerdings seit der massiven Abholzung während der Römerzeit stark zurückgegangen sind.

Im Jahre 1797 trat Österreich das Erbe der Handelsmacht Venedig in Istrien an. Rijeka wurde zur wichtigen Handelsstadt ausgebaut und Pula zum bedeutendsten Kriegshafen. Die österreichische Herrschaft hielt bis zum Ende des 1. Weltkrieges und wurde nur kurz von Napoleons Größenwahn unterbrochen.
Nach Ende des 1. Weltkrieges bekam Italien ganz Istrien, jedoch nicht Rijeka, die nordkroatische Küste und vor allem nicht Dalmatien zugesprochen. Diese Gebiete gingen an das neu entstandene Königreich der Serben, Kroaten und Slowenen, dem späteren Jugoslawien. Die Küste war bereits zu dieser Zeit Streitpunkt zwischen Kroaten und Serben. Der serbische König Alexander setzte sich diktatorisch über die Konflikte hinweg und regierte den zum Königreich Jugoslawien umbenannten Staat, bis er 1934 einem Attentat kroatischer und mazedonischer Nationalisten zum Opfer fiel.
Während des 2. Weltkrieges herrschte nicht nur ein Kampf gegen die Besatzer, sondern es kam zum grausamen Bürgerkrieg zwischen Kroaten und Serben, Moslems und Serben, Serben und Albanern, Nationalisten und Kommunisten.
Nach dem Zusammenbruch Hitlerdeutschlands wurde die gesamte ostadriatische Küstenregion unter dem sozialistisch-föderativen Regime von Tito wieder jugoslawisch. Im Inneren des Vielvölkerstaates blieben die nationalen Konflikte jedoch ungelöst und wurden mit Gewalt unterdrückt.
Nach dem Tod des Herrschers Tito brach der Nationalismus erneut aus, zuerst im Kosovo und in Serbien, dann auch in Kroatien und Slowenien.
Nach den Unabhängigkeitserklärungen von Slowenien und Kroatien im Jahre 1991 kam es schließlich zum offenen Krieg, der bekanntlich bis Ende 1995 dauerte und hauptsächlich durch massiven internationalen Druck beendet wurde.
Während sich Slowenien schon bald nach dem Zerfall Jugoslawiens erholte, litt Kroatien noch stark unter den Folgen des Krieges. Allerdings wurde auch hier in den letzten beiden Jahren ein kräftiges Wirtschaftswachstum mit steigender Tendenz verzeichnet. Normalität und Stabilität sind wieder eingekehrt in das Verbindungsglied zwischen Morgen- und Abendland.

Fauna und Flora Kroatiens

Charakteristischer Bestandteil der kroatischen Flora ist die dornige Macchia. Als immergrünes, undurchdringliches Buschwerk überzieht sie die trockenen Flächen zwischen der zerklüfteten Felslandschaft der Küstenregionen sowie der vorgelagerten Inseln. Ginster, Lorbeer, Erika, Wacholder, Brombeer, Myrte und Salbei sind nur die häufigsten Vertreter dieses artenreichen Biotops. Im Frühling schwebt ein betörender Duft über der Macchia. Die dornigen Büsche haben sich in ein prächtiges Blütenmeer verwandelt.
Lavendel und Rosmarin, Oliven, Zitrusfrüchte, Feigen- und Mandelbäume gedeihen vor allem auf den kroatischen Inseln und werden hauptsächlich für den Eigenbedarf angebaut. Eingeschleppte Exoten, wie Palmen, Agaven, Oleander und Bougainvillea konnten sich behaupten und sind mittlerweile aus so manchem Ortsbild nicht mehr wegzudenken.

Reptilien sind die wahren Herrscher der karstigen Landstriche. Vor allem Eidechsen und Schlangen bekommt man am frühen Vormittag sowie spät nachmittags häufig zu Gesicht. Das sind ihre Hauptaktivitätszeiten, in denen sie sich nach einem ausgedehnten Sonnenbad auf die Jagd nach Fressbarem begeben. Furcht braucht man keine zu haben, denn die meisten von ihnen sind ungiftig. Auch die zwei giftigen Schlangenarten, Sandotter und Kreuzotter, sind ungefährlich, da sie bei der Annäherung von Menschen meist schleunigst die Flucht ergreifen.
Die größte europäische Eidechse, die Riesen-Smaragdeidechse, bekommt man als normaler Tourist leider äußerst selten zu Gesicht. Um dem annähernd einen halben Meter langen, leuchtend hellgrün gefärbten Tier zu begegnen, müsste man ein wenig ins karstige Hinterland marschieren. Zwischen den sonnenbeheizten Steinflächen huschen die Echsen behände hin und her, um Insekten, aber auch Früchte und Vogeleier aufzuspüren. Bei der geringsten Störung verschwinden sie jedoch blitzschnell in undurchdringlichem Gestrüpp, Spalten oder Mäuselöchern.
Noch seltener zu Gesicht bekommt man die Griechische Landschildkröte, die ihr Verbreitungsgebiet ebenfalls entlang der gesamten kroatischen Küstenlinie hat. Sie bevorzugt Stellen mit dichter Vegetation und wird auf Grund ihres ausgeprägten Tarnkleides nur selten bemerkt.
In den wenigen Süßwassertümpeln und wassergefüllten Dolinen wimmelt es im Frühjahr nur so von Frosch- und Schwanzlurchen. Sie alle werben heftig um die Gunst ihrer Weibchen. Eile ist angesagt, denn für die Unzahl von Kaulquappen beginnt ein Wettlauf mit der Zeit. Durch die starke Sonneneinstrahlung und

Trockenheit muss die Metamorphose vom Wasser- zum Landtier noch vor dem drohenden Austrocknen des Geburtsgewässers vollzogen sein.
An größeren Wirbeltieren kommen Igel, Hasen, Marder, Füchse sowie Dachse verbreitet vor; in den Gebirgsregionen und Nationalparks sogar Luchse, Wölfe und Braunbären. Über dem dalmatinischen Hinterland sollen angeblich noch Adler und Königsgeier ihre Kreise ziehen. Schafe, Ziegen und Maultiere werden seit alters her als Haustiere gehalten.

Fauna und Flora der Adria

Von den einstmals, für diese Region bekannten, riesigen Sardellen-, Thunfisch- und Makrelenschwärmen ist im Zeitalter kilometerlanger Treibnetze sowie schwimmender Konservenfabriken leider nicht mehr viel übrig geblieben. Großfische wird man bei seinen Tauchgängen vor den Küsten der kroatischen Adria nur selten begegnen. Dafür konnte sich die Kleinfischfauna gut behaupten. Vor allem Vertreter der artenreichen Grundeln und Schleimfische kann man bei jedem Tauchgang ausgiebig beobachten. Gerade während der Laichzeit sind die Männchen mancher Arten so auffällig bunt gefärbt, dass sie einen Vergleich zu so manchem Tropenfisch nicht zu scheuen brauchen. Besonders bei Nachttauchgängen fallen die tagsüber perfekt getarnten Drachenköpfe im Schein der Lampe auf. Bis zur stattlichen Größe von 50 cm wächst der Große Rote Drachenkopf heran. Er und auch der Gestreifte Knurrhahn mit seinem leuchtend blau gefärbten Brustflossensaum sind eine häufig anzutreffende Augenweide. Die einst massenhaft lebenden Seepferdchen sucht man heute in manchen Gegenden vergeblich. Nicht das Nachstellen durch den Menschen ist der Hauptgrund für ihren Rückgang, sondern die stellenweise arge Umweltverschmutzung. Sind die Seegraswiesen im stark belasteten Meerwasser erst einmal erstickt, so haben auch die Seepferdchen, ihres natürlichen Lebensraumes beraubt, keine allzu guten Überlebenschancen mehr. In einigen unberührten Buchten hingegen kann man auch heute noch „einer Handvoll“ dieser bizarren Fische bei einem Tauchgang begegnen.
Aus der Klasse der Knorpelfische trifft man am ehesten die Fortpflanzungsprodukte der Katzenhaie an. Die bis zu 13 cm langen, mehr oder weniger rechteckigen, weißlichen Eikapseln sieht man oft an Gorgonien oder Schwämmen in der Strömung hängen. Durch die leicht transparente Hornschale lässt sich der Herzschlag des Embryos problemlos beobachten. Je nach Temperatur schlüpfen die Junghaie erst nach 5 bis 11 Monaten, um sofort die dämmerungsaktive Lebensweise ihrer Eltern aufzunehmen.
Vom Stamm der Gliederfüßer sind vor allem die Garnelen erwähnenswert. Neben den etwas selteneren Großkrebsen wie Hummer und Languste stellen sie einen beträchtlichen Teil der meist angetroffenen Arten dar. Meist nur wenige Zentimeter groß, beeindrucken sie durch Verhalten und Färbung.
Ebenfalls beeindruckend, aber klein sind die zahlreichen Schneckenarten der Adria. Die meist auffällig gefärbten Tiere sind großteils Nahrungsspezialisten und deshalb nur auf bestimmten Schwamm- oder Hydrozoenarten anzutreffen. Von den nah verwandten Kopffüßern trifft man entlang der gesamten Küstenlinie regelmäßig Kraken und Sepien an. Die im Freiwasser lebenden Kalmare bekommt man nur durch Zufall zu Gesicht.

Die zum Stamm der Nesseltiere gehörenden Gorgonien sind ausschließlich Hartbodenbewohner. Man findet sie vor allem an strömungsexponierten Steilwänden. An ihren Ästen sitzen winzige Polypen, die ihre Fangärmchen ins freie Wasser recken, um Planktonorganismen auszufiltern. Manche Arten dieser fächerförmigen Tierkolonien erreichen Größen von 100 cm und stehen ihren Verwandten aus den Tropen an Anmut und Farbenpracht in keinster Weise nach.
Von den ca. 600 Schwammarten des Mittelmeeres kommt ein Großteil auch in der Adria vor. Man sollte nicht achtlos an ihnen vorüberschwimmen, denn manche Schwämme werden besiedelt von sehenswerten Schnecken, Krebsen oder Anemonen.
Die augenfällige marine Pflanzenwelt lässt sich grob in Blau-, Grün-, Braun- und Rotalgen sowie die zu den Blütenpflanzen gehörenden Seegräser einteilen. Während die verschiedenen Algenarten vorwiegend Hartböden besiedeln und dem Sporttaucher meist nur als glitschiger Felsüberzug im Flachwasser bewusst werden, sind die Seegräser auf Sand- und Weichböden anzutreffen. Unverständlicherweise sind Seegraswiesen als langweilige Tauchplätze verpönt. Tatsache ist, dass sie für die Sauerstoffversorgung des Meeres die gleiche Bedeutung haben wie die Wälder für die des Festlandes. Sie bieten nicht nur unzähligen Tier- und Pflanzenarten Nahrung und Unterkunft, sondern dienen auch vielen Freiwasserlebewesen als Kinderstube.

Fadenschnecken (Cratena peregrina) bei der Paarung.

Im Hinterland findet man in wassergefüllten Karsttrichtern eine reichhaltige Amphibienfauna; hier ein Grasfrosch (oben). Nur selten bekommt man die kleinen Skorpione zu Gesicht. Den Tag verbringen sie versteckt unter Steinen oder Baumstämmen. Des Nachts begeben sie sich auf Beutesuche.

Die Rotmaulgrundel (Gobius cruentatus) ist ein attraktives Fotoobjekt. Sie lässt einen meist nahe herankommen, ohne gleich die Flucht zu ergreifen (oben). Dieser kleine Schleimfisch (Tripterygion sp.) wird von einer parasitischen Assel geplagt.

Die Goldschwammschnecke (Tylodina perversa) ist fast ausschließlich auf dem häufigen Goldschwamm (Verongia aerophoba) anzutreffen (oben).
Die Weißgepunktete Warzenschnecke (Phyllidia pulitzeri) findet man erst in den südlichen Teilen der Adria. Sie ernährt sich ebenfalls von Schwammgewebe.

Fast wie Blüten sehen die Tentakelkronen der Gelben Krustenanemonen (Parazoanthus axinellae) aus. Nur Bienen landen hier keine …

Der Fischmarkt von Rijeka

Die nach Zagreb und Split drittgrößte Stadt Kroatiens hat neben Wirtschaft, Kultur und der allgegenwärtigen Geschäftigkeit einer Großstadt auch noch so manch anderes zu bieten. In den um die Jahrhundertwende erbauten Markthallen, direkt am Stadthafen, werden neben den vielfältigsten Agrarprodukten der Region auch Fleisch und Backwaren und nicht zuletzt eine umfangreiche Palette an fangfrischem Fisch feilgeboten. Täglich, außer Sonntag, füllen die zum Teil noch lebenden Schuppentiere mitsamt ihrer ganzen Verwandtschaft von Muscheln, Krustentieren und Kopffüßern die alten Gemäuer. Vor allem die bei Einheimischen und Touristen gleichermaßen beliebten Scampi sind Tag für Tag heiß umkämpft. Wer sich für die Meeresbewohner interessiert, sollte frühmorgens einen Abstecher dorthin unternehmen. Kuriositäten, wie Seeteufel, Rochen, Thunfische oder junge Blauhaie, denen man als Taucher nur mit einer Riesenportion Glück einmal unter Wasser begegnet, können hier angetroffen und bestaunt werden. Ist man auch noch ausgestattet mit einer ausreichend großen Kühlbox, so lassen sich preisgünstige Schnäppchen für den heimischen Herd erwerben.
Außerhalb der Markthallen wird das umfangreiche Angebot an Lebensmitteln noch um Textilien, Schmuck, Bastelarbeiten bis hin zu allerlei Souvenirs ergänzt. Sogar Goldfische wechseln an den einfachen Ständen Glas und Besitzer.

Rijeka (früher italienisch: Fiume) ist nach Zagreb und Split die drittgrößte Stadt Kroatiens. Blick vom kleinen Hafenkanal auf die neu errichtete Satellitenstadt.

DELTA-07
Rk 1230
RK 1582

Markt von Rijeka: Von der Sardine bis zum Thunfischsteak gibt es fangfrischen Fisch für jeden Geschmack (oben).
Manchmal findet man hier auch interessante Raritäten, wie diesen Schweinhai (Oxynotus centrina).

Tauchplätze

Die Küstenlinie von Kroatien teilt sich in drei geografische und historisch gewachsene Regionen: die Halbinsel Istrien, die Kvarner Bucht (auch Kroatisches Küstenland genannt) und Dalmatien.
Istrien erstreckt sich länderübergreifend vom slowenischen Koper bis Rijeka, dem Beginn der Kvarner Bucht. Diese wiederum umfasst neben zahlreichen kleinen Inselchen die 4 großen Inseln Krk, Cres, Lošinj und Rab. Die langgestreckte Insel Pag markiert den Übergang zu Dalmatien. Auf dem Festland lässt sich die Grenze zwischen Kvarner Bucht und Dalmatien weniger deutlich ziehen. Sie liegt in etwa zwischen den Orten Starigrad und Karlobag.
Dalmatien reicht schließlich bis zur südlichsten Spitze von Kroatien, knapp 30 km südlich von Dubrovnik.

Istrien

Als größte Halbinsel der Adria (4000 qkm) nimmt Istrien seit jeher den bedeutendsten Stellenwert im Tourismusgeschäft ein. Bis auf 46 km slowenische Küstenlinie im Norden, gehört der Großteil zu kroatischem Staatsgebiet. Nur zwei slowenische Tauchbasen besuchen die flachen Tauchgründe vor ihrer Küste. Oft werden jedoch auch Ausflüge ins benachbarte Kroatien unternommen.

Die Westküste Istriens

Vor der Nordwestküste Istriens, etwa bis Rovinj hinunter, beträgt die durchschnittliche Wassertiefe nur etwa 40 m. Hier liegen einige gut betauchbare Schiffswracks, zum Teil noch aus dem 1. Weltkrieg. Das wohl mit Abstand berühmteste unter ihnen ist die 1914 vor Rovinj gesunkene *Baron Gautsch.* Das seinerzeit modernste österreichische Passagierschiff lief aus reiner Schlamperei auf eine eigene Seemine auf. Zwei Wochen zuvor brach der 1. Weltkrieg aus. Aus Respekt vor der britischen Flotte verminte die österreichische Kriegsmarine weite Teile der nördlichen Adria, vor allem aber die Wasserwege zu Pola (heutiges Pula), dem österreichischen Kriegshafen. Am Mittwoch, dem 13. August 1914 war die *Basilisk* gerade dabei, ihre Verminungsarbeiten vor der istrianischen Küste

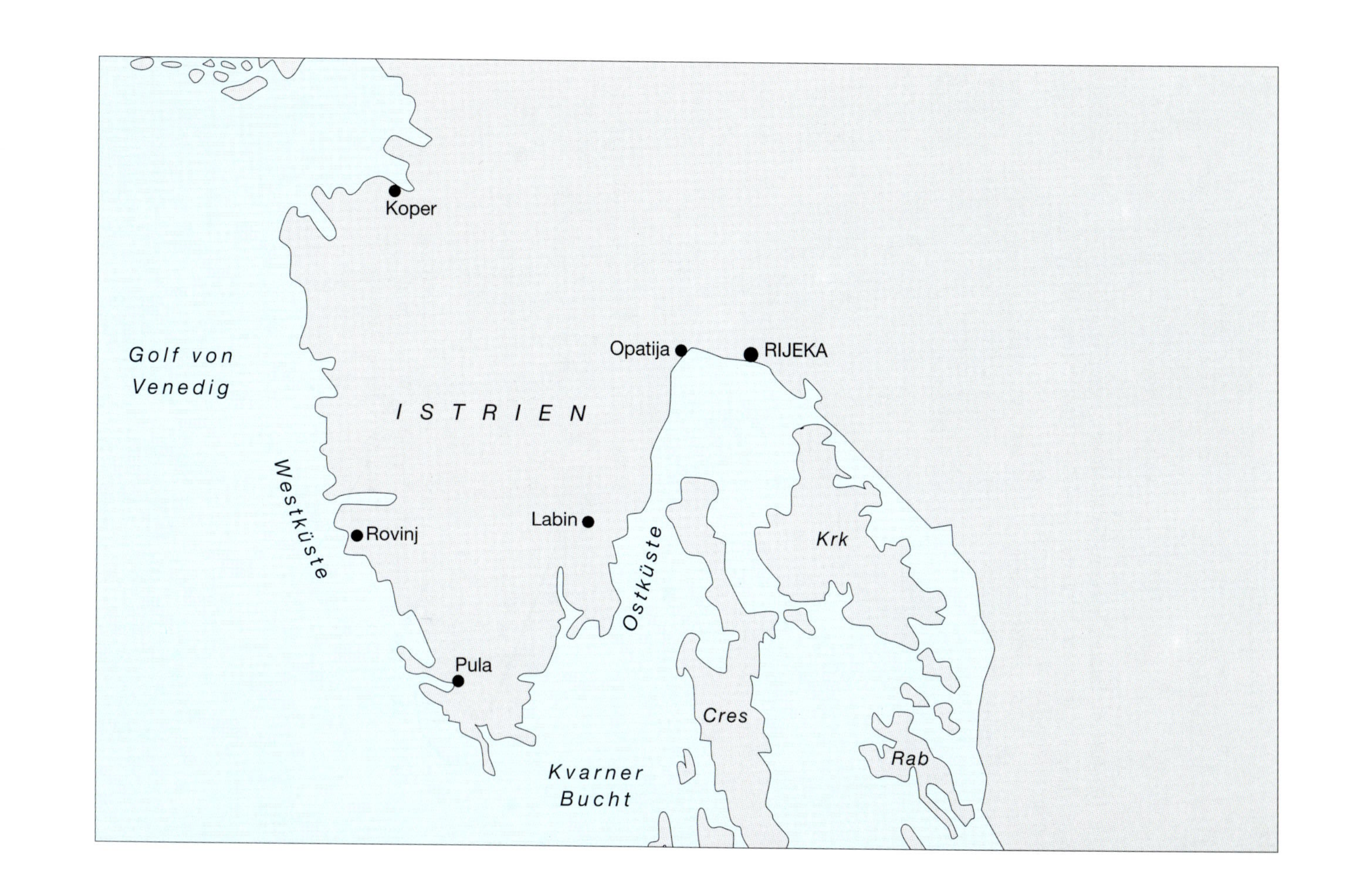

Koper
Golf von Venedig
Opatija
RIJEKA
ISTRIEN
Westküste
Labin
Rovinj
Ostküste
Krk
Pula
Cres
Rab
Kvarner Bucht

abzuschließen, als sie bei klarer Sicht einen Dampfer ausmachte. Trotz sofortiger Warnsignale verlangsamte die *Baron Gautsch* ihre Fahrt nicht und fuhr tatsächlich auf eine frisch verlegte Treibmine auf. Eine gewaltige Explosion riss die Steuerbordseite wie eine Konservendose auf und ließ die Öltanks zum Befeuern des Dampfschiffes platzen. Weitere Explosionen beschleunigten das Eindringen von Wasser. Keine Schoten konnten den drohenden Untergang verhindern. Innerhalb von nur wenigen Minuten sank die stolze *Baron Gautsch* und riss weit über 200 Kinder, Frauen und Männer mit sich in den Tod. Das ausgeflossene Öl fing Feuer und forderte weitere Opfer. Nicht einmal die Hälfte der Passagiere und Besatzungsmitglieder konnten von den vier inzwischen am Unglücksort eingetroffenen Schiffen gerettet werden.
Unter den Überlebenden befand sich auch der Kapitän, der sich vor einem Kriegsgericht verantworten musste. Sorglosigkeit und Schlamperei der Schiffsoffiziere haben demnach zu diesem Unglück geführt, wovon die Öffentlichkeit aber aus Angst vor möglicherweise sinkender Kriegsbegeisterung nichts erfahren durfte ...
Heute gilt die *Baron Gautsch* als eines der schönsten Wracks in der Adria. Ca. 6 Seemeilen vor Rovinj liegt sie in einer Tiefe von nicht einmal 40 m aufrecht im schlammigen Grund. Bei zuweilen starker Strömung geht man entlang des Bojenseils bis zum Deck in knapp 30 Meter Tiefe. Taucht man mit Nitrox, so steht einer ausgedehnten und doch sicheren Erkundung des 84,5 Meter langen Wracks nichts mehr im Wege. Dringt man mit Pressluft ins Innere der großteils gefahrlos betauchbaren Oberdecks ein, sollte man seinem Tauchcomputer rechtzeitig nachgeben, um noch genügend Zeit für den Rückweg zum Bojenseil zu haben. Das Wrack ist auf Grund der langen Zeit sowie der meist vorhandenen Strömung dick mit Muscheln, Schwämmen, Seescheiden und Algen bewachsen. Zahlreiche Überreste alter Fischernetze überziehen gespenstisch anmutend die noch vorhandenen Aufbauten und Davits. Die ehemaligen Fenster sind längst zerbrochen und erlauben so ein müheloses Eindringen. Gleichsam wie in einer Galerie schwebt man durch die Gänge der oberen Decks mit Blick hinaus ins klare Blau der Adria. Im hinteren Teil bewohnen nun Dorschschwärme die ehemaligen Vergnügungs- und Aufenthaltsräume. Und in manch dunklem Winkel erblickt man im Schein der Lampe einen Congeraal. Exemplare von zwei Meter Länge sollen schon angetroffen worden sein.
Die engen, verwinkelten und vor allem stockfinsteren Gänge der Unterdecks im innersten Schiffsbauch bleiben erfahrenen und entsprechend ausgerüsteten Wracktauchern vorbehalten. Feinstes Sediment könnte sonst unerfahrenen Flossenträgern schnell zum Verhängnis werden.

Beachte: Tauchen an der *Baron Gautsch* ist genehmigungspflichtig! Nur wenige Basen haben die Lizenz dazu.

Weitere 6 Wracks, hauptsächlich aus der Zeit der Weltkriege werden ebenfalls von

Bild oben: Die „Baron Gautsch" (hier ein Foto aus der Zeit vor ihrem Untergang) gilt mit Recht als das interessanteste und schönste Wrack der nördlichen Adria. Noch ziemlich gut erhalten liegt der einst stolze Dampfer aufrecht in 40 m Wassertiefe.

Bild rechts oben: Die Überreste der „Guiseppe Dezza TA 35" liegen zwischen 30 und 35 m Tiefe am Sandboden. Eine gewaltige Explosion muss das Torpedoboot im 2. Weltkrieg innerhalb kürzester Zeit versenkt haben. Der Taucher findet heute vom Mittelteil des Schiffes nur mehr vereinzelt herumliegende Trümmer. Sehenswerter ist der Bug mit der gut erhaltenen Bordkanone.

Bild rechts unten: Um sich im Trümmerfeld der „Guiseppe Dezza TA 35" besser zurechtzufinden, hier eine Skizze des unbeschädigten Schiffes.

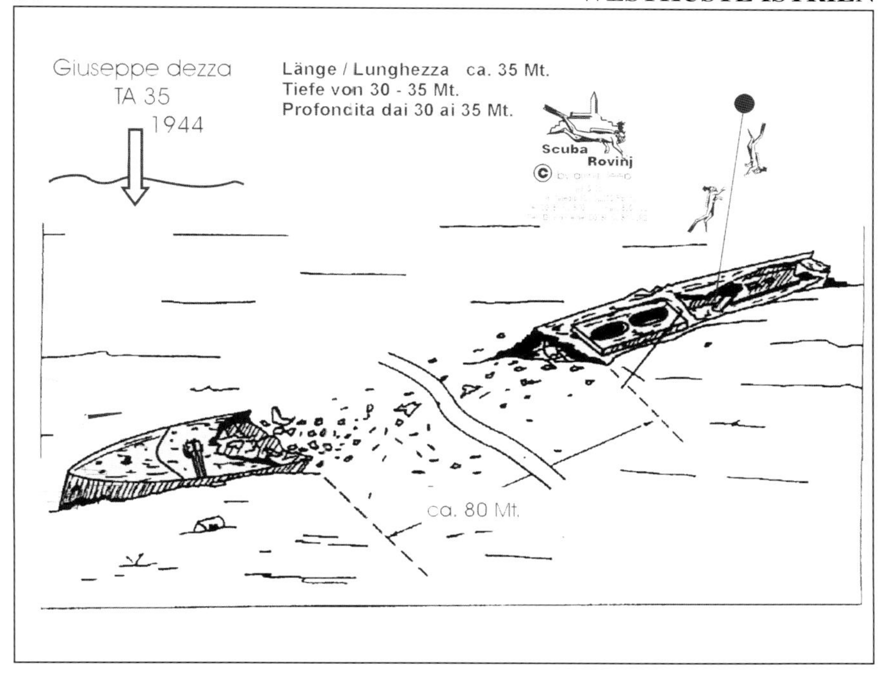
Giuseppe dezza
TA 35
1944
Länge / Lunghezza ca. 35 Mt.
Tiefe von 30 - 35 Mt.
Profoncita dai 30 ai 35 Mt.
Scuba
Rovinj
ca. 80 Mt.

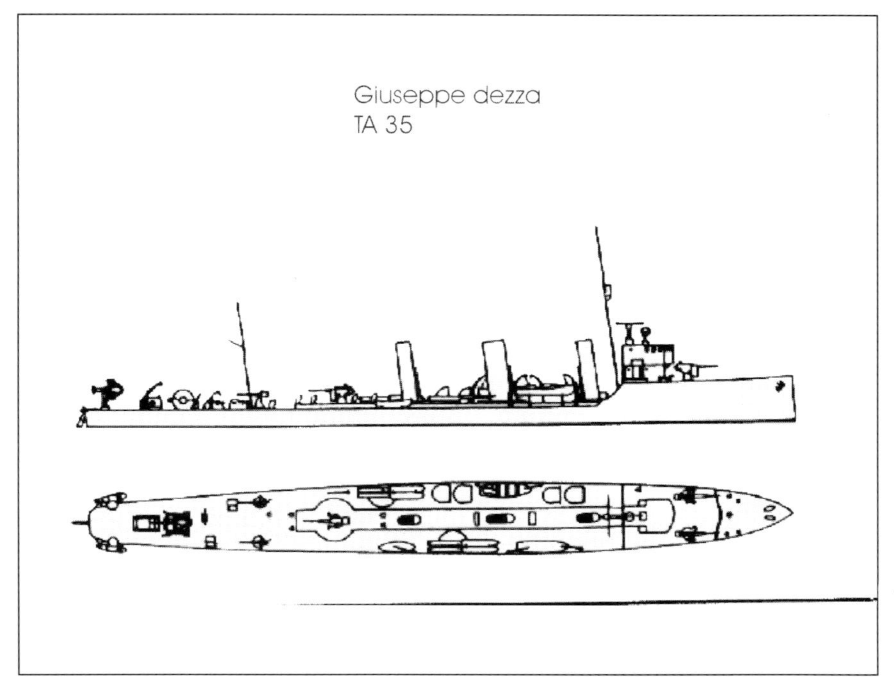
Giuseppe dezza
TA 35

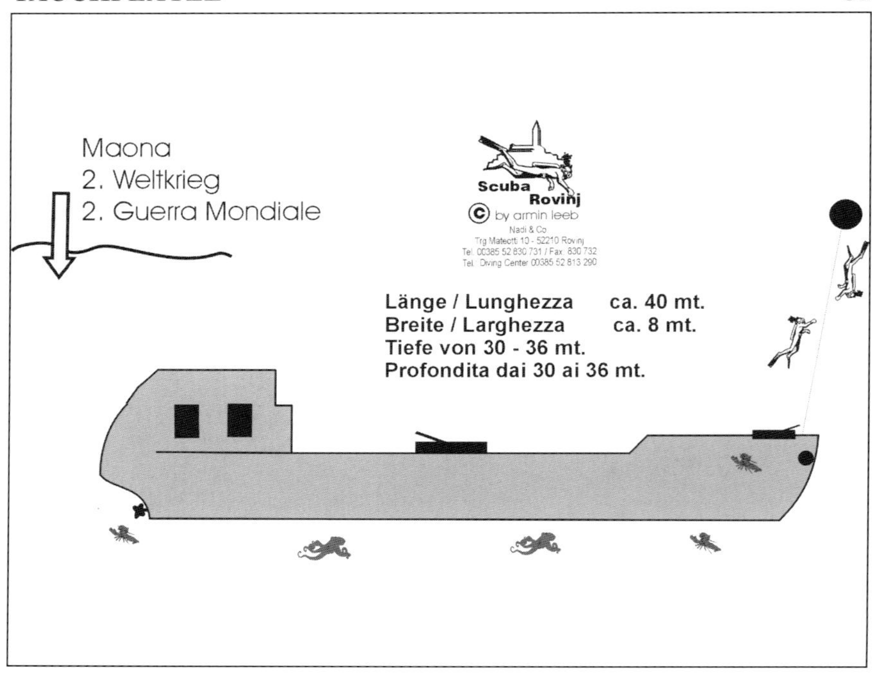
Maona
2. Weltkrieg
2. Guerra Mondiale
Scuba
Rovinj
© by armin leeb
Nadi & Co
Trg Mateotti 10 - 52210 Rovinj
Tel. 00385 52 830 731 / Fax. 830 732
Tel.: Diving Center 00385 52 813 290
Länge / Lunghezza ca. 40 mt.
Breite / Larghezza ca. 8 mt.
Tiefe von 30 - 36 mt.
Profondita dai 30 ai 36 mt.

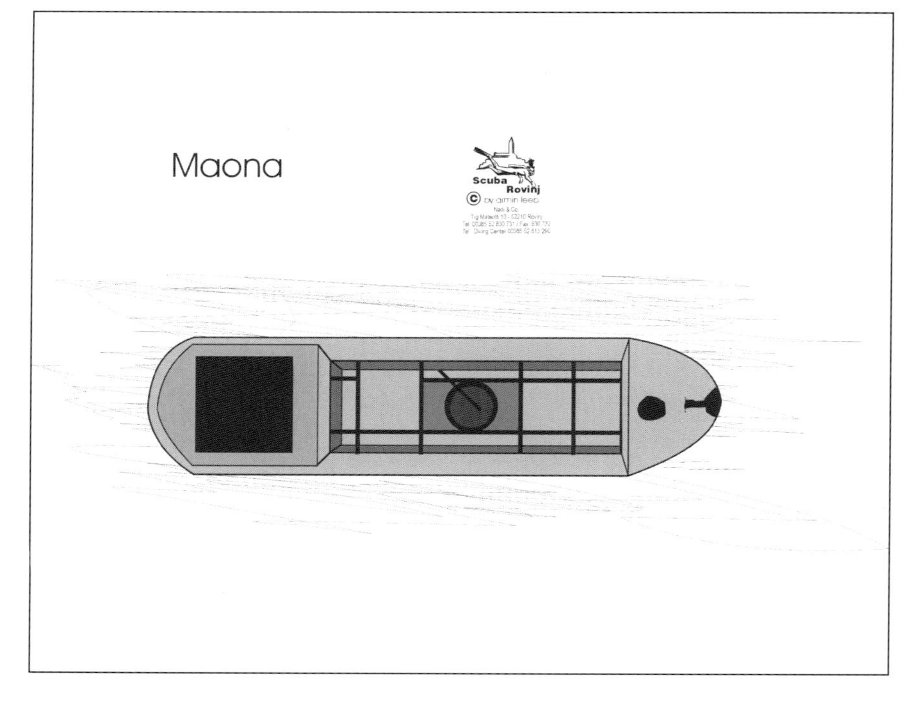
Maona
Scuba
Rovinj
© by armin leeb

Rovinj sowie den nördlicher gelegenen Tauchbasen aus häufig angefahren. Es sind dies:

Torpedoboot *Guiseppe Dezza TA 35:* Ein in zwei Teile zerbrochenes Kriegsschiff aus dem 2. Weltkrieg, das zwischen 30 und 35 m Tiefe im Schlamm liegt. Die große Bordkanone ist noch gut erhalten. Heringskönige, Hummer, Drachenköpfe und Dorschschwärme sind die heutigen Bewohner des Wracks.

Schleppkahn *Maona:* 40 m langes Wrack mit kleiner Bordkanone, in 30 bis 36 m Tiefe gelegen. Hier kann man oft Sepien, Kalmare, Kraken und Hummer beobachten. Einzigartig ist ein riesiger Dorschschwarm.

Coreolanus: Das zum Minensucher umgebaute, italienische Frachtschiff erfüllte seine Pflicht „gewissenhaft". Es lief 1945 vor Novigrad auf eine Mine auf und versank. Heute liegt das ca. 50 m lange und 8 m breite, gut erhaltene Wrack aufrecht auf ebenem Grund in einer Tiefe von knapp 30 Meter. Der höchste Punkt der relativ unbeschädigten und dick mit Schwämmen überzogenen Decksaufbauten ragt bis in etwa 17 m Tiefe herauf. Noch hervorragend erhalten ist die hintere Bordkanone sowie die schweren MGs. Gelegentlich winden sich Congeraale aus den Torpedorohren, und auch große Seespinnen und Drachenköpfe haben in diesem „künstlichen Riff" ein neues Zuhause gefunden. Vorstöße ins Innere des Wracks bleiben Spezialisten vorbehalten, zumal die Gänge sehr eng sind und man nicht jederzeit wieder umdrehen kann. In Acht nehmen sollte man sich vor den zahlreichen hängen gebliebenen Fischernetzen.

Numidia: 120 m langer, italienischer Zementfrachter in 28 bis 40 m Tiefe. Gesunken 1917. Sehr schöner Bewuchs, große Congeraale und Hummer. Eine gute Unterwasserorientierung ist wegen der immensen Größe und der nicht immer ausgezeichneten Sichtverhältnisse nötig. Verloren gegangene Fischernetze bergen eine zusätzliche Gefahr.

Romania: Frachtschiff, das in der Nähe der *Numidia* auf gleicher Tiefe liegt. Größe: nur etwa halb so lang. Conger, Hummer und Dorschschwärme fühlen sich wohl in dem Wrack.

Istra: Frachtschiff aus dem 1. Weltkrieg. Dieses sehr gut zu betauchende Schiff ist beim Untergang in zwei Teile gebrochen. Es ruht in einer Tiefe von 28 bis 42 m und umfasst eine Gesamtlänge von ca. 80 Meter. Gefahr besteht hier ebenfalls durch verlorene Fischernetze.

Natürlich gibt es auch noch andere Wracks in diesem Teil der nördlichen Adria; allerdings sind sie entweder noch nicht gefunden worden, zu weit von der Küste

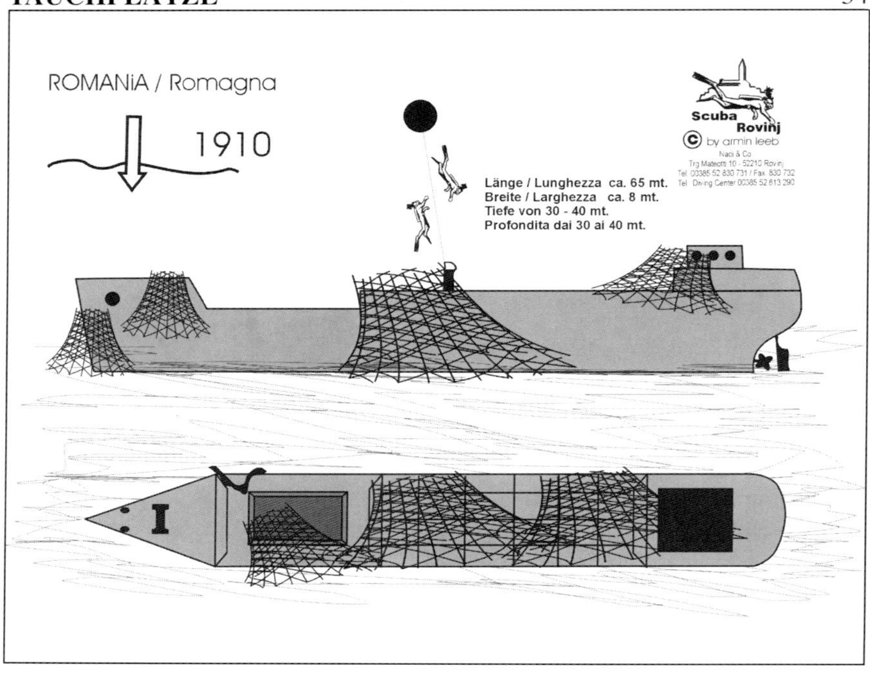
ROMANiA / Romagna
1910
Scuba
Rovinj
© by armin leeb
Nadi & Co
Trg Mateotti 10 - 52210 Rovinj
Tel 00385 52 830 731 / Fax 830 732
Tel Diving Center 00385 52 813 290
Länge / Lunghezza ca. 65 mt.
Breite / Larghezza ca. 8 mt.
Tiefe von 30 - 40 mt.
Profondita dai 30 ai 40 mt.

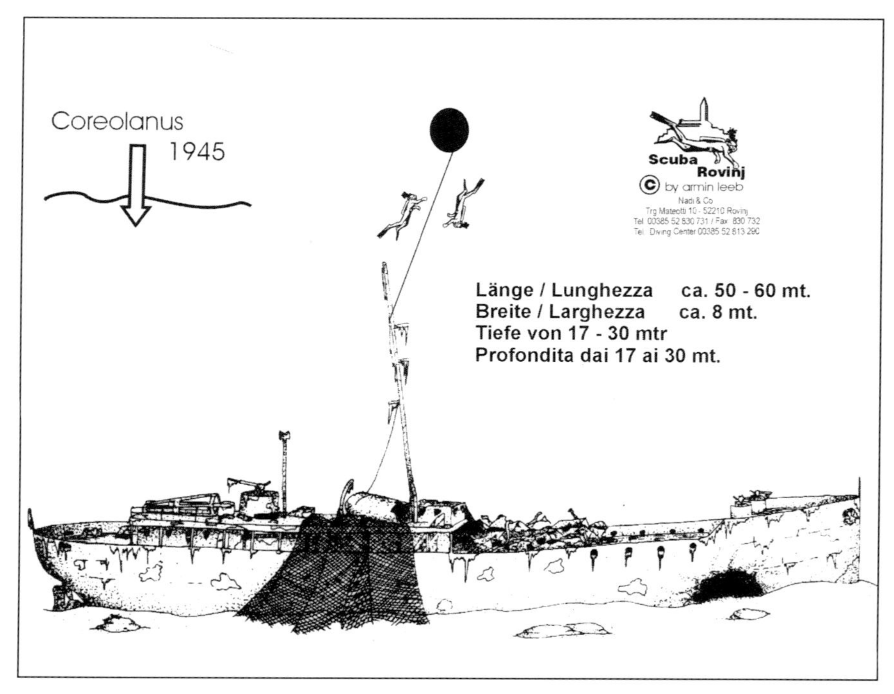
Coreolanus
1945
Scuba
Rovinj
© by armin leeb
Nadi & Co
Trg Mateotti 10 - 52210 Rovinj
Tel 00385 52 830 731 / Fax 830 732
Tel Diving Center 00385 52 813 290
Länge / Lunghezza ca. 50 - 60 mt.
Breite / Larghezza ca. 8 mt.
Tiefe von 17 - 30 mtr
Profondita dai 17 ai 30 mt.

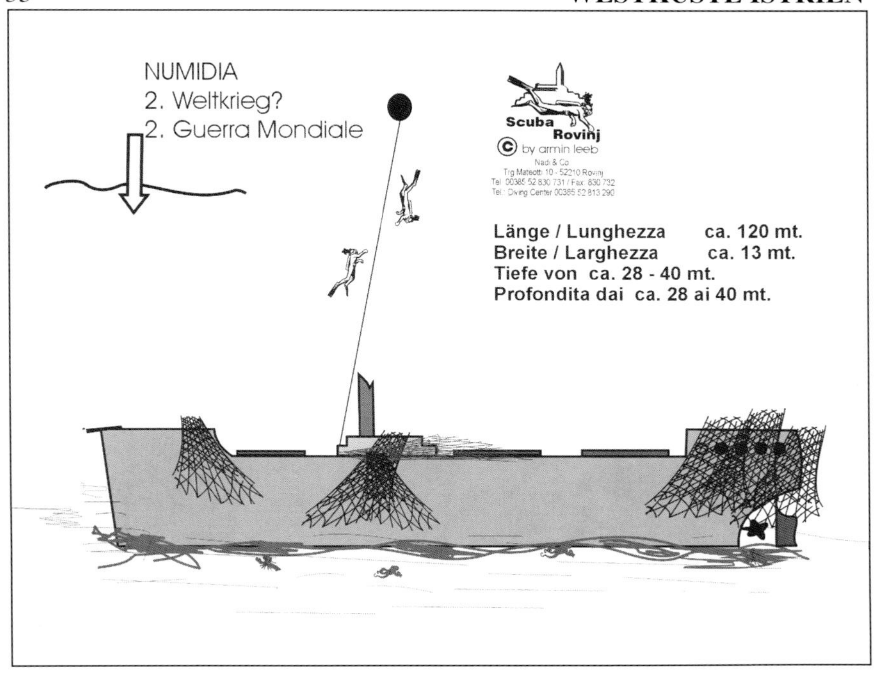
NUMIDIA
2. Weltkrieg?
2. Guerra Mondiale
Scuba Rovinj
© by armin leeb
Länge / Lunghezza ca. 120 mt.
Breite / Larghezza ca. 13 mt.
Tiefe von ca. 28 - 40 mt.
Profondita dai ca. 28 ai 40 mt.

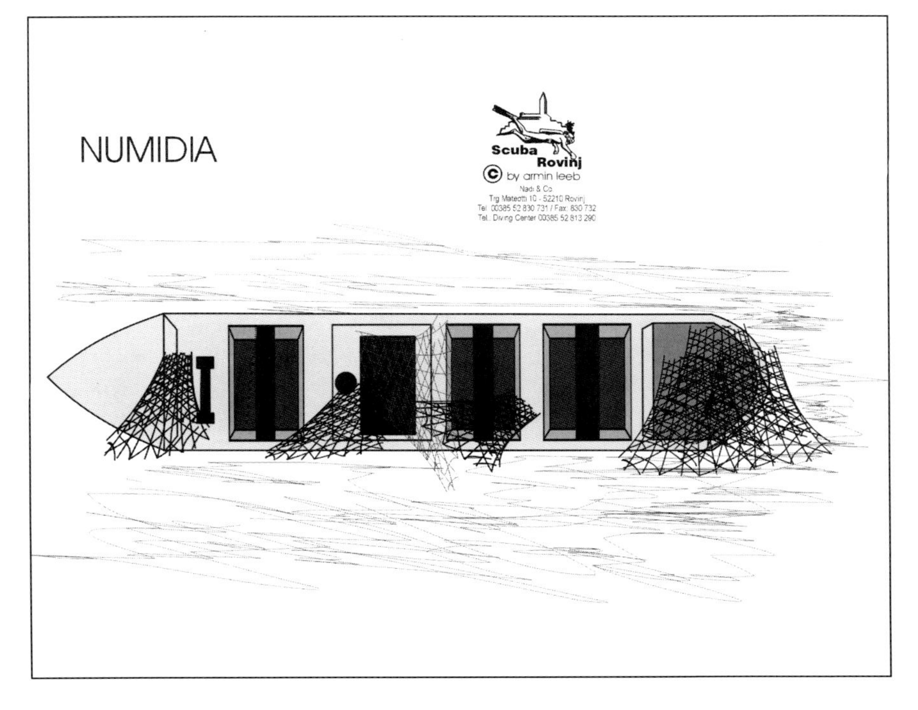
NUMIDIA
Scuba Rovinj
© by armin leeb

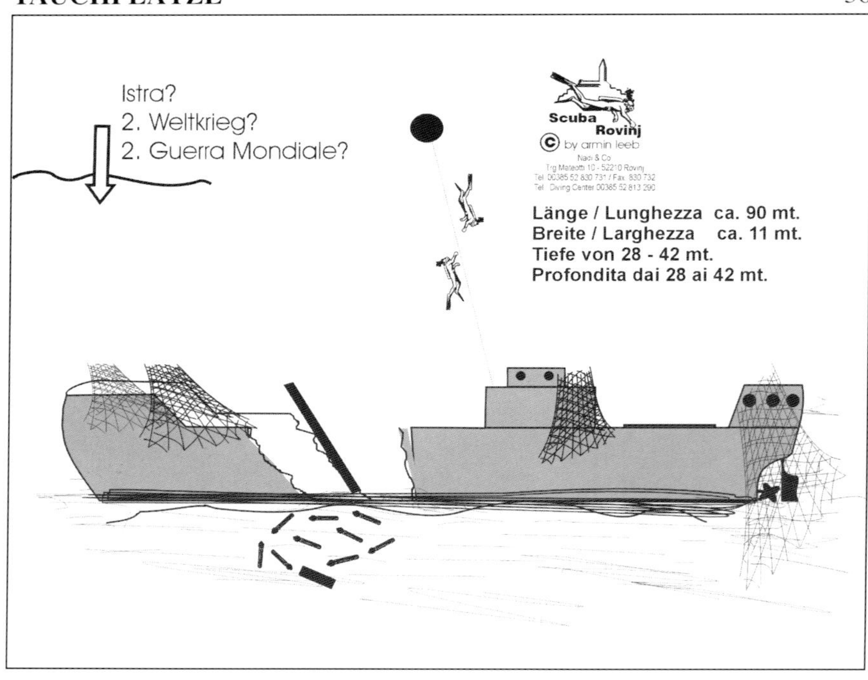
Istra?
2. Weltkrieg?
2. Guerra Mondiale?
Scuba Rovinj
© by armin leeb
Nadi & Co
Trg Mateotti 10 - 52210 Rovinj
Tel. 00385 52 830 731 / Fax. 830 732
Tel. Diving Center 00385 52 813 290
Länge / Lunghezza ca. 90 mt.
Breite / Larghezza ca. 11 mt.
Tiefe von 28 - 42 mt.
Profondita dai 28 ai 42 mt.

Istra?
Scuba Rovinj
© by armin leeb
Nadi & Co
Trg Mateotti 10 - 52210 Rovinj
Tel. 00385 52 830 731 / Fax. 830 732
Tel. Diving Center 00385 52 813 290

entfernt oder nicht mehr besonders gut erhalten. Manche Tauchbasen sind sehr eifrig in Kontakt mit ansässigen Fischern, um eventuell doch noch ein neues, interessantes Stück „vor sich hin rostender Geschichte“ ausfindig zu machen. Eine sicherlich nicht zu unterschätzende Schar abenteuerhungriger Taucher wartet ungeduldig darauf ...

Nicht nur Wracktaucher kommen entlang der istrianischen Westküste voll auf ihre Kosten. Es können auch Steilwände, Felsterrassen, Überhänge, Seegraswiesen, Grotten und Höhlen betaucht werden. Amphorenfelder, die von manchen Tauchbasen angefahren werden, bestehen aber zumeist nur mehr aus Scherben. Selbstverständlich ist die Mitnahme von solchen geschichtsträchtigen Relikten bei hoher Strafandrohung strikt untersagt. Seepferdchen, bunte Nacktschnecken, bizarr geformte Heringskönige, Tintenfische, Kraken, Knurrhähne, Drachenköpfe, Seespinnen, Hummer und Conger zählen zu den am häufigsten gesehenen Meeresbewohnern.
Als ein besonders bemerkenswertes Beispiel aus der Vielfalt der „Nicht-Wracktauchgänge“ lässt sich folgende Insel erwähnen:

Banjol: Nur wenige Bootsminuten von Rovinj entfernt liegt das kleine, mit wenigen Bäumen bewachsene Inselchen Banjol. Dieser Tauchplatz wird von den meisten umliegenden Tauchbasen angefahren und hat selbst für den verwöhnten Tropentaucher Spektakuläres zu bieten. Unmittelbar beim Ankerplatz zieht sich eine geräumige Grotte ins Innere des karstigen Eilandes. Im seichten Wasser taucht man ein in eine andere Welt. Bunte Schwämme, Krustenanemonen und Seescheiden leuchten auf im Schein der Taucherlampe. Rot gefärbte Meerbarbenkönige *(Apogon imperbis)* suchen aufgeschreckt das Weite. Die Luftblasen verschwinden in der porösen Höhlendecke. Im blauen Dämmerlicht dringt man immer tiefer ein, um plötzlich wieder von gleißendem Sonnenlicht empfangen zu werden. Im Zentrum der Insel fallen durch ein Loch in der Höhlendecke die Strahlen der Mittagssonne ein und zeichnen im kristallklaren Wasser Kringel auf den Boden. – Ein herrlicher Anblick!
Verlässt man die Grotte wieder durch ihren Eingang, bietet sich die Fortsetzung des Tauchganges nach links an. Über kleinere Felsabbrüche gelangt man im 7 – 16-m-Bereich zu zwei weiteren völlig gefahrlos betauchbaren Grotten. Diese sollte man jedoch wegen dem feinkörnigen Bodengrund, aus Rücksicht auf nachkommende Taucher, nur mit äußerst vorsichtigem Flossenschlag erkunden.

Rovinj, die wohl am stärksten italienisch geprägte Stadt Istriens.

In Istrien hat man vielfach die Möglichkeit, mit dem Auto direkt an den Tauchplatz zu fahren; vorausgesetzt man kann das Parkplatzproblem lösen.

Wracktauchen von seiner feinsten Seite – die vor Rovinj gesunkene „Baron Gautsch“ kann man getrost als das schönste gut betauchbare Wrack der Adria bezeichnen (oben). Innerhalb von Wracks halten sich oft Schwärme von Zwergdorschen (Gadus capelanus) auf.

TAUCHBASEN

An der kurzen slowenischen Küstenlinie ist folgende Tauchbasis empfehlenswert:

D.C. Sharky: Obala 3, Laguna Bernardin, P.O. Box 53, SI-6320 Portoroz. Tel. 00386-41-635 763, E-Mail: sharky@noxyc.com, Internet: www.dc-sharky.com. Große, modern ausgestattete PADI-Basis mit NITROX und etlichen Spezialkursen.

Lanterna:
Rollis Waterworld: Im familienfreundlichen Feriendorf Lanterna an der Westküste Istriens liegt die Tauchbasis des Deutschen Roland Kneiske mit Ausrüstungsverleih und -verkauf. Ausbildung nach den Richtlinien von PADI, CMAS und IDD. Bis zu 3-mal täglich werden die vorgelagerten Felsriffe und das ein oder andere Wrack (wie z. B. die *Baron Gautsch, Coreolanus, Romania, Numidia* und die *Guiseppe Dezza*) angefahren. Dabei geht es entweder auf dem geräumigen Tauchboot für 25 Personen oder dem Schnellboot für 12 Taucher hinaus. Während die Eltern die UW-Welt erkunden, können sich die lieben Kleinen beim Ponyreiten oder dem reichhaltigen Spielangebot im Kinderclub unter Aufsicht austoben. Junge Wasserratten können in der flachen Bucht vor der Basis einen Kindertauchkurs belegen und dabei mit großer Wahrscheinlichkeit auf Seepferdchen treffen. Geöffnet von Ostern bis 1. November (nach Absprache auch länger).
Adresse: Sport Valeta, Lanterna, HR-52440 Poreč/Croatia. Tel: 00385/52/405 045, Fax: 00385/52/405 019, E-Mail: info@waterworld-diving.de, Internet: www.waterworld-diving.de

Poreč:
Zelena Laguna Divecenter. Stefan & Alexa Repenning leiten diese deutsche Tauchschule, die sich auf Aus- und Weiterbildung spezialisiert hat. Sie bieten vom täglichen Schnuppertauchen im Meer über den normalen Grundtauchschein bis hin zum TL-Assistenten noch unzählige weitere Spezialkurse nach PADI- und CMAS-Richtlinien an. Umfangreicher Ausrüstungsverleih und -verkauf, Vermittlung von Unterkünften. Geöffnet von April bis Oktober.
Adresse: Zelena Laguna Divecenter, Sportcenter „Lotosi“, Zelena Laguna, HR-52440 Poreč/Croatia. Tel. & Fax: (01.04.–01.10.): 00385/52/460 533, E-Mail (ganzjährig): tauchcenter@hotmail.com, Internet: www.crodiving.de

Ein Langschnäuziges Seepferdchen (Hippocampus guttulatus) trifft man nur äußerst selten freischwimmend an. Meist klammert es sich mit seinem biegsamen Greifschwanz am Substrat fest.

Vrsar:

Starfish Diving Center. Lydia & Christoph Betz leiten die deutsche PADI-Basis im Autokamp Porto Sole, nur 10 Minuten zu Fuß vom Ortskern entfernt. Dem Ort vorgelagert befinden sich 18 kleine Inseln, die reizvolle Tauchplätze in nächster Nähe bieten. Angeboten werden 2–3-mal täglich Ausfahrten mit einem oder zwei Tauchgängen. Ca. 25 Tauchplätze, darunter 7 Wracks (*Coriolanus, Baron Gautsch, Istra, Maona, Giuseppe Dezza, Numidia* und *Romania*) stehen regelmäßig auf dem Programm. Für komfortable Anfahrten zu den Tauchgebieten sorgen die *Starfish*, ein 15 m langes Aluminiumboot, und der 18 m lange Katamaran *Aquarius*. Neben Schnuppertauchen bietet die Basis Tauchausbildung, *NITROX*, Ausrüstungsverleih- und -verkauf und die Vermittlung von Unterkünften aller Preisklassen an. Geöffnet von Mitte März bis Mitte November (im Winter auf Anfrage).
Adresse: Autocamp Porto Sole, HR-52450 Vrsar/Croatia. Telefon und Fax 00385/52/442 119, Mobil: 00385/98/334 816 oder /335 506, E-Mail: starfish@pu.tel.hr, Internet: www.starfish.hr

Adriatic Master Dive Center. Die unter österreichischer Leitung stehende Basis befindet sich inmitten eines gepflegten 4-Sterne-Campingplatzes. Modernste Leihausrüstung beeindruckt neben der nagelneuen NITROX-Trimix-Füllanlage. Mehrmals täglich werden mit dem bequemen Schnellboot die Tauchplätze der Umgebung angesteuert. Ausbildung findet nach PADI und CMAS statt. Unterkunft im eigenen Apartmenthaus möglich. Geöffnet von Ostern bis Ende Oktober.
Adresse: Brionska 11, 52450 Vrsar-Kroatien. Tel. 00385/52/441 784, mobil: 0043/664/130 1410, Fax: 00385/52/442 164, E-Mail: amdc@scuba.at, Internet: www.scuba.at

Rovinj:

Scuba Rovinj. Der gut deutsch sprechende Kroate Sinisa Nadi führt das große Tauchcenter am Ortseingang von Rovinj. Das reichhaltige Angebot bietet neben Presslufttauchen auch ANDI-NITROX Ausbildung und Füllstation, Wracktauchen, Ausrüstungsverleih sowie Unterkunftsvermittlung. Ausbildung erfolgt nach PADI, SSI, CMAS und DAN. Im basiseigenen Buffet kann man sich zwischen den Tauchgängen mit landestypischen Leckerbissen stärken. Auf zwei geräumigen Schnellbooten und dem Holzkutter *Kokot* werden sowohl Ganztagesfahrten mit Picknick/Grillen als auch Kurztrips zu den Highlights der Umgebung angeboten. Die basiseigene Bucht eignet sich optimal zur Anfängerausbildung oder für erlebnisreiche Nachttauchgänge. Geöffnet von März bis November.

Jungtier des Langschnäuzigen Seepferdchens (Hippocampus guttulatus). Die charakteristischen fadenförmigen Hautlappen beginnen erst jetzt zu wachsen.

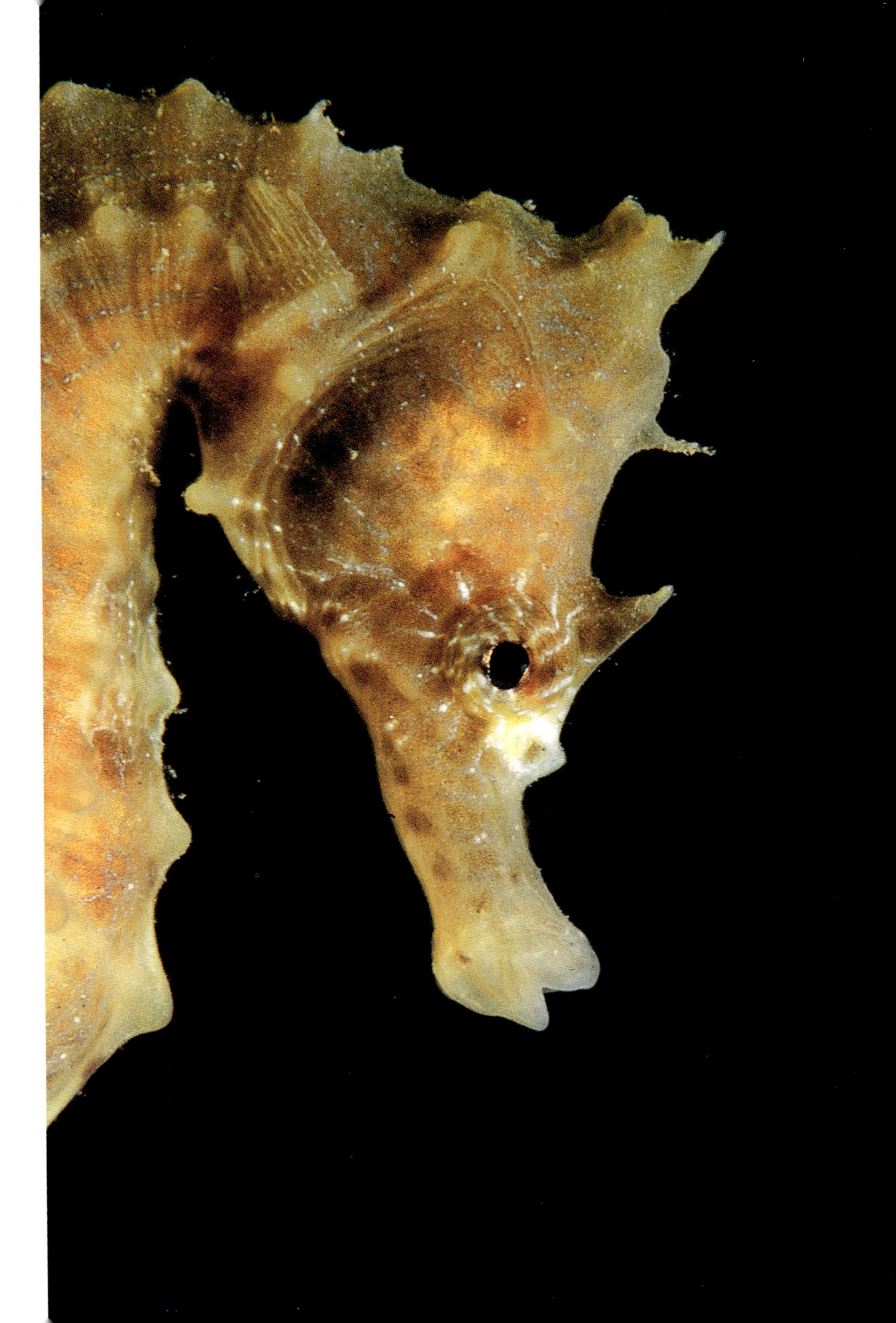

Adresse: Trg Mateotti 10, HR-52210 Rovinj/Croatia. Tel.00385/52/830 731, Fax 00385/52/830732, E-Mail: scuba-rovinj@pu.tel.hr, Internet: www.istra.com/rovinj/scuba

Paradise Diving Center. Auf der autofreien Insel Katarina vor Rovinj befindet sich diese unter österreichischer Leitung stehende Basis. Die völlig neu renovierte Hotelanlage ist ebenfalls in österreichischem Besitz und bietet neben Zimmern auch für Tauchgruppen interessante Apartments an. Das kleine Hausriff erweist sich als ideal für Anfänger und zum Nachttauchen. Mit Schnellbooten geht es zu den bekannten Wracks der Umgebung oder zu Grotten und Steilwänden. Neben dem Ausrüstungsverleih wird auf Anfrage Ausbildung nach den Richtlinien von ÖBV und CMAS betrieben. Im hoteleigenen Pool können Kinder ab 8 Jahren unter geschulter Begleitung ihre ersten Unterwasserabenteuer bestehen, ab 12 Jahren auch am Hausriff. Geöffnet: von April bis Oktober (Juni–September ist die Basis ständig besetzt, sonst nach telefonischer Absprache).
Infos: Hotel Katarina, Tel. 00385/52/804 100, E-Mail: otok-katarina@pu.hinet.hr, Internet: www.hotelinsel-katarina.com
Infos in Österreich: Hannelore Gruber, 5752 Viehhofen 89, Tel. 0043/664/234 1723.

Diving Centar Petra. Gemütliche und familiär geführte Taucherpension. Die angeschlossene Basis befindet sich am Autocamp „Porton Biondi“. Mit zwei Schnellbooten und einem Holzkutter werden Kurztrips aber auch Ganztagesausfahrten zu den schönsten Plätzen vor Rovinj angeboten. Ausgebildet wird nach den Richtlinien von CMAS. Leihausrüstung vorhanden; moderne Füllstation, auch mit NITROX. Geöffnet von Anfang März bis Anfang Dezember.
Adresse: M. Vlacica bb, HR-52210 Rovinj/Croatia. Tel. & Fax 00385/52/812 880, E-Mail: petrarovinj@divingpetra.hr, Internet: www.divingpetra.hr

Diver Sport Centers International. Kroatische Tauchbasis, englischsprachig, während der Hauptsaison oft mit deutschen TL. Ausbildung erfolgt nach den Richtlinien von PADI, SSI und DAN. Ausrüstungsverleih und -verkauf sowie die Vermittlung von Unterkünften runden neben der NITROX-Füllanlage das Angebot ab. Die Basis besitzt die Lizenz zum Betauchen der *Baron Gautsch*. Mit Schnellbooten werden etwa 15 verschiedene Tauchplätze regelmäßig angefahren. Ganzjährig geöffnet!
Adresse: Feriensiedlung „Villas Rubin“, HR-52210 Rovinj/Croatia. Tel. & Fax 00385/52/816 648, E-Mail: michael@croatia-diver.de, Internet: www.croatia-diver.de

Die Ostküste Istriens

Die Ostküste Istriens erstreckt sich von Pula auf der Südspitze bis Rijeka, dem Beginn der Kvarner Bucht. Im Gegensatz zu den meist flach abfallenden Ufern der Westküste lassen sich hier auch viele Steilwandtauchgänge von Land aus durchführen. Nicht immer muss man sich zu vorgegebenen Zeiten, oft mit zahlreichen anderen Tauchern gemeinsam, in ein Boot quetschen, um einen weiteren erlebnisreichen Tauchgang in seinem Logbuch vermerken zu können. Individuelle Tauchgangsplanung an bekannten Tauchspots, oder einfach nur auf eigene Faust die eben neu entdeckte kleine Bucht auch unter der Wasseroberfläche zu erkunden – dem Taucher an der Ostküste sind keine Grenzen gesetzt!

TAUCHGÄNGE VON LAND AUS

Direkt vom Campingplatz SV. Marina, 12 km von der ehemaligen Bergwerksstadt Labin (auf halbem Weg zwischen Pula und Rijeka) entfernt, bieten sich einem vielfältige Tauchmöglichkeiten an:

Große Bucht: Taucht man von der großen Kiesbucht bei der Kapelle im Campingplatzgelände nach rechts ab, so gelangt man im 15-m-Bereich zu einer ausgedehnten, senkrecht abfallenden Felswand, die mehrmals durch canyonartige Strukturen unterbrochen wird. Die Wand selbst ist noch schön mit Schwämmen, Moostierchenkolonien, vereinzelt stehenden Gelben Gorgonien und Kalkrotalgen bewachsen; ihr schräg nach unten führender Fuß hingegen zeigt schon starke Spuren der unzähligen Taucher, die hier schon seit Jahrzehnten am schlammigen Sandgrund in die Tiefe kriechen. Auch die kleine Grotte in 40 m Tiefe wurde schon oft besucht. Ihr einstiger Herrscher, ein gewaltiger Hummer, ist vermutlich schon längst im Magen eines (italienischen) Tauchkameraden verschwunden. Taucht man gut tariert der Wand entlang nach oben, kann man noch relativ unberührte Plätzchen entdecken. In kleinen Höhlen verbergen sich Meerraben und Gabeldorsche, und auch Langusten sollen schon gesehen worden sein.

Stiegenbucht: Schreitet man von der großen Bucht aus gesehen nach links, an der Kapelle vorbei, so gelangt man nach kurzem Marsch zu einer schmalen Bucht, die über eine steile Betontreppe mit verrostetem Eisengeländer erreicht werden kann. Der große Vorteil dieser Bucht ist die geschützte Lage. Auch im Winter bei stark wehender Bora kann man meistens von hier aus gefahrlos ein- und aussteigen.
Über schräg abfallendes Blockfeld, das bald in immer feiner werdenden Kiesgrund übergeht, taucht man nach links entlang der Klippen. Hier im 10–15-m-Bereich sieht man oft Petermännchen und Knurrhähne. Dem Hang weiter nach links folgend, stößt man auf eine zum Teil überhängende Felswand, die sich bis in

große Tiefe fortsetzt. An Gelben Gorgonien hängende Katzenhai-Eier sowie mit etwas Glück einem Heringskönig *(Zeus faber)* kann man hier begegnen. Während des Sicherheitsstopps beim Auftauchen bietet sich ein Spiel mit den zahlreichen neugierigen Kraken an.

Springwand: Scheut man einen kurzen, aber anstrengenden Abstieg mit anschließendem Sprung von den schroffen Klippen nicht, so kann man auch direkt vom Campingplatz aus einen interessanten Tauchgang entlang einer wenig betauchten Wand erleben.
Man geht dazu oberhalb der Stiegenbucht weiter nach links. Auf der sehr unebenen Fahrspur folgt man der Küste ca. 200 Meter, bis der Weg wieder aufwärts führt zur asphaltierten Straße. Noch vorher biegt man nach rechts, auf den einzigen schräg zum Meer hin abfallenden Fußpfad. Auf diesem erreicht man nach weiteren 100 m eine Felsklippe knapp über der Wasserlinie. Hier schlüpft man in die Flossen und springt ins nasse Vergnügen. Taucht man nun leicht schräg nach rechts, gelangt man über felsigen Grund bald zu einer senkrecht abfallenden Steilwand, die auch hier im 40-m-Bereich in eine Sand- und Schlickfläche übergeht. Die seltene Begegnung mit einem Marmorzitterrochen *(Torpedo marmorata)* rückt hier in den Bereich der Möglichkeit. Die unter anderem schön mit Gelben Gorgonien, Geweihschwämmen, Krustenanemonen und Moostierchenkolonien bewachsenen Felsen entschädigen jedoch auch ohne Rochensichtung für den schweißtreibenden Anmarsch. Die bequemste Möglichkeit, wieder Land zu gewinnen, ist das Fortsetzen des Tauchganges nach rechts. Taucht man im Flachwasser zurück, müsste die Luft bis zur Stiegenbucht ausreichen. Für ganz Sportliche bietet sich auch der direkte Ausstieg über die Klippen an (mit Trockentauchanzug nicht zu empfehlen).

Ravni 1: Fährt man vom Campingplatz die einzige Straße einige Kilometer zurück bis zur ersten Abzweigung und folgt dem Wegweiser nach links Richtung Ravni, so gelangt man nach wenigen Kilometern Fahrt auf der kurvigen Asphaltbahn in den winzigen Ort Ravni. Mitten im Ort zweigt links eine steile Straße bis zum Meer ab. Hat man die richtige Abzweigung getroffen, steht man bald auf einer großen betonierten Fläche mit Getränkebuden und Fischerhütte. Im Sommer ist die Bucht belegt mit Gästen der nahe gelegenen Apartmentsiedlung. Taucht man von der Fischerhütte unterhalb der Getränkebuden ziemlich gerade hinaus aufs offene Meer, so gelangt man erst nach einer Strecke von mindestens 150 m zum „Riffabfall“. Es bietet sich daher an, zuerst so weit wie möglich hinauszuschnorcheln. Erst im Tiefenbereich von 15 – 20 Meter geht der sanft abfallende Bodengrund in eine senkrechte Felswand über. Hat man die lange Schnorchelstrecke hinter sich gebracht, wird man mit den Schönheiten einer selten betauchten Steilwand belohnt. Neben mehreren Hummern sollen hier sogar schon kleine Blauhaie beobachtet worden sein!?

Mošćenička Draga, typisches Fischerdorf in Istrien.

Der Badestrand von Mošćenička Draga ist im Winter menschenleer.

Ravni 2: Die zweite Möglichkeit, die relativ unberührten Tauchgründe vor Ravni zu betauchen, erfordert noch mehr Sportsgeist. Vom gleichen Ausgangspunkt, der Fischerhütte unterhalb der betonierten Parkfläche mit den Getränkebuden, marschiert man nach links auf einem schmalen Fußpfad dem Ufer entlang. Nach einer Wegstrecke von ca. 300 Meter steigt man bei der dritten kleinen Bucht, in der sich eine kleine Fischerhütte befindet, ins Wasser. Schnorchelt man die ersten 50 Meter geradeaus aufs offene Meer hinaus und taucht dann leicht nach links, gelangt man durch einen imposanten Canyon zu einer Steilwand, die sich parallel zum Ufer bis in große Tiefe erstreckt.

Die Touristikvertretung in Ravni (1. Gebäude links auf der Stichstraße zum Meer hinunter) plant für 1998 die Errichtung einer Füllmöglichkeit!?

Zeus faber-Bucht: Fährt man von Mošćenička Draga der Küstenstraße entlang Richtung Pula, kommt man nach wenigen Kilometern zu dem winzigen Ort Brseč. Hier biegt man direkt an der Ortstafel scharf nach links unten ab. Nach ca. 250 Meter fährt man am Friedhof vorbei und bleibt auf der immer schlechter werdenden Straße. Nach weiteren 1200 Metern gelangt man schließlich zu einem Leuchtturm, der auf einer Klippe 60 m über dem Meer thront. Die winzige Umkehrmöglichkeit sollte unter gar keinen Umständen verparkt werden, da nämlich die einheimischen Fischer, die nicht wie wir zum Vergnügen hierher fahren, in dieser Hinsicht keinen Spaß verstehen. Luftleere Reifen als Lernhilfe, die Parkverbotstafel zu beachten, stellen an diesem schwer zugänglichen Teil der Welt ein mittelschweres Problem dar. Hat man einen der wenigen Parkplätze ergattert, marschiert man in voller Ausrüstung nach links in eine malerisch gelegene Kiesbucht hinunter. Dieser idyllische, sonst einsame Platz ist in den Sommermonaten oft mit einigen Dutzend Badenden belegt. Steht man nach schweißtreibendem Marsch endlich bis zum Bauch im Wasser, so bieten sich einem zwei Tauchmöglichkeiten an. Die steilen Felswände, welche die Bucht einfassen, setzen sich auch unter Wasser nach beiden Seiten hin fort. Die linke Wand ist eindeutig schöner bewachsen, jedoch locken am Fuße der rechten Wand zwei alte Autowracks im 25-m-Bereich. Im offen stehenden Kofferraum der einen Limousine trifft man fast regelmäßig einen großen Drachenkopf an. Taucht man von den Wracks wieder in Richtung Bucht, so begegnen einem vor allem im Frühjahr gelegentlich die bizarr geformten Heringskönige *(Zeus faber)*.
Im flacheren Teil der Bucht sollte man die zahlreich vorhandenen Sandgoldrosen einmal genauer unter die Lupe nehmen. Zwischen den nesselnden Tentakeln versteckt, fühlen sich winzige, dafür aber bildschön gefärbte Partnergarnelen sehr wohl.

Meerjunker (Coris julis) schwimmen behände zwischen den wuchernden Krustenanemonen und Schwämmen.

FKK-Bucht: Marschiert man von der Villa Istra (Tauchbasis B & J d.o.o., Villa Istra) in Mošćenička Draga, einem kleinen Fischerstädtchen knappe 20 km vor Opatija, mit Blickrichtung zum Meer nach rechts, erreicht man in etwa 10-minütigem Fußmarsch in kompletter Ausrüstung eine kleine Kiesbucht, die als FKK-Gelände gekennzeichnet ist. Bei Ebbe gelangt man an der Wasserlinie weiter noch trockenen Fußes zu einer zweiten Kiesbucht. Hier taucht man nach rechts ab. Über schräg abfallenden Kiesgrund kann man der schön bewachsenen, senkrechten Felswand bis in eine Tiefe von knapp 40 Meter folgen. Am Fuß der Wand lassen sich zahlreiche Langarmige Springkrebse gut beobachten, die ihre Scheren aus jedem Loch strecken. Auf der schrägen Stein- und Kiesfläche, die zum Teil durch Kalkrotalgen sekundär verfestigt worden ist, trifft man häufig Knurrhähne, aber auch Drachenköpfe aller Größen an.

Mole Medveja: Fährt man von Opatija nach Mošćenička Draga, so kommt man unterwegs an dem Ort Medveja vorbei. Die betonierte Mole am kleinen Fischerhafen ist der Ausgangspunkt für eine Vielzahl von interessanten Tauchgängen. Linker Hand der Mole springt man von den teilweise betonierten Felsflächen ins klare Wasser und taucht nach links, der Küstenlinie entlang ab. Noch vor zwei Jahren war hier das „Hausriff" von Jani und Barbara, der jetzigen Tauchbasis in Mošćenička Draga, die in der unmittelbar dahinter liegenden Villa Susmel residierten. Das Riff ist noch immer da – nur Jani und Barbara sind umgezogen. Taucht man immer weiter nach links, so kann man über mehrere imposante Felswände bis in große Tiefen vordringen. Beim langsamen Auftauchen sollte man den Bewuchs nach farbenprächtigen Fadenschnecken genau absuchen – einige dieser „Makro-Schönheiten" sind hier immer anzutreffen.
Der Ausstieg gestaltet sich nun schwieriger als früher, wo man über eine Eisenleiter bequem das Ufer erreichen konnte. Heute muss man entweder mit etwas Geschick die Klippen erklimmen oder bei weniger Sportsgeist und starkem Wellengang schlimmstenfalls die Mole umschwimmen, um in der geschützten Bucht über den Kiesstrand auszusteigen.

Cres-Wrack: *(Lina* oder *Lena)* Ein besonders erwähnenswerter Bootstauchgang in dieser Gegend führt uns an die nahe Küste von Cres (siehe dort).

Krai-Felsen: Ebenfalls nicht entgehen lassen sollte man sich eine Bootsfahrt zu einer winzigen Felsspitze, die sich nur wenige Meter vor der Küste zwischen Mošćenička Draga und Medveja aus dem Meer erhebt. Theoretisch kann man diesen Tauchspot der Extraklasse auch von Land aus erreichen, wenn man bei der Bushaltestelle in Krai der Privatstraße zum Meer hinunter folgt. Bereits nach wenigen Metern muss man allerdings sein Fahrzeug parken und einem steilen Fußpfad folgen. Der schweißtreibende Marsch in kompletter Ausrüstung empfiehlt sich höchstens, wenn man den ganzen Tag auf den Felsplatten der winzigen

Opatja (ehemals: Abbazia), die Perle der kroatischen Riviera, ist auch heute noch ein vielbesuchtes Seebad. Im Hintergrund erhebt sich das Ucka-Gebirge.

Nicht nur für Taucher ein gefragtes Land: Angler an der schroffen Felsküste.

Bucht zum Sonnenbaden zwischen den Tauchgängen verbringen möchte. Die weitaus bequemere Lösung bietet sich jedoch an Bord des Tauchschiffes einer der Basen der Umgebung an. Beim Tauchgang selbst gelangt man über canyonartige Felsformationen zu einer seeseitig bis in große Tiefe steil abfallenden Wand. Gorgonienbewuchs und in den Sommermonaten ausgezeichnete Sichtweiten verleiten einem zu dem Glauben an einen unberührten Tauchplatz.

TAUCHBASEN

Pula:
In der Großstadt Pula gibt es mehrere Füllmöglichkeiten. Den Hotels „Pula", „Histra" und „Splendit" sind Tauchbasen angeschlossen, die zumindest während der Hochsaison in Betrieb sind. Internet: www.Pula.ScubaDivers.net
Im Yachthafen „Marina Verdura" ist ebenfalls eine kroatische Tauchbasis untergebracht, die auch Tauchausfahrten organisiert.

Labin:
Scuba Center Sv. Marina. Der sympathische Deutsche Christoph Karcher führt diese Tauchbasis inmitten eines Campingplatzes auf der Halbinsel Sveti Marina. Diese befindet sich etwa 12 km von der bekannten Stadt Labin entfernt. Das Herz der Basis ist eine hochmoderne Füllanlage. Das Angebot umfasst neben dem Ausrüstungsverleih eine Unterkunftsvermittlung für Apartments sowie die Möglichkeit, Privatequipment zu deponieren. Regelmäßige Bootsausfahrten zu nahe gelegenen Steilwänden, Grotten und einem ca. 80 Meter langen Wrack vor der Insel Cres. Auf Anfrage findet Ausbildung nach SSI, CMAS und DAN statt (auch Instruktorkurse). Direkt vom Strand aus können 3 Steilwände mit Tiefen von bis zu 50 Meter betaucht werden. Geöffnet: ganzjährig!!
Adresse: Sv. Marina, HR-52220 Labin/Croatia, Tel. & Fax 00385/52/879 052, Mobil: 00385/911/879 074, E-Mail: info@scubacenter.de, Internet: www.scubacenter.de

Mošćenička Draga:
Diving Centre Mošćenička Draga. Die übersiedelte Basis von Barbara & Jani liegt nun wenige Gehminuten links vom Hafen (Blick Richtung Meer) unter der Pension „Jadran" in Mošćenička Draga. Der eigene Zugang zum Meer hinunter führt zu einem abwechslungsreichen Hausriff. Alternativ dazu werden auch Halb-

Istrien ist auch im Winter eine Reise wert. Durch die Wärmespeicherung des Meeres schneit es an der Küste so gut wie nie. Blick über das kleine Dorf Mosenice auf die schneebedeckten Gipfel hoch über Rijeka.

tages- und Tagesfahrten zu den umliegenden Tauchspots organisiert. Neben ihrer schnellen, gruppenfreundlichen Füllanlage sind sie vor allem für ihre Tauchkreuzfahrten auf der M/S *Vranjak* bekannt (siehe S. 127)! Zusätzlich wird auch noch in das Tauchercamp auf der sonst unbewohnten Kornateninsel „Levrnaka“ vermittelt. Maximal 15 Personen können dort wochenweise, nur wenige Bootsminuten von den schönsten Tauchspots des Nationalparks entfernt, ihrem Hobby frönen (auch Nichttaucher sind herzlich willkommen).
Adresse: B & J d.o.o., Pt. 61, HR-51417 Mošćenička Draga/Croatia. Tel. 00385/51/294 415, Fax 00385/51/293 415, E-Mail: bj@ri.tel.hr oder jani.kovacec@ri.tel.hr, Internet: http://www.b-j.hr und http://www.tauchenkroatien.com

Marine Sport Diving Center. Nur 20 m vom Strand entfernt liegt diese kleine Basis unter kroatischer Leitung direkt neben der bekannten Hotelanlage „Marina“. Hier wird vielsprachig nach SSI-Standards ausgebildet. 10 komplette Ausrüstungen stehen für den Verleih bereit. Ein starker Kompressor sorgt für die nötige Luft. Auf dem eigenen Tauchboot oder einem der drei weiteren Charterboote ist man schnell bei den nahe gelegenen Unterwasserhighlights. Auch weiter entfernte Ziele, wie bekannte Wracks und Steilwände der Kvarner Bucht, werden regelmäßig angesteuert. Unterkunftsvermittlung in die eigene Taucherpension oder Hotels und Privatzimmer der Umgebung runden das Angebot ab. Geöffnet von März bis November, auf Anfrage auch länger.
Adresse: Robert Prelcic, Aleja Slatina b. bei Hotel Marina, HR-51417 Mošćenička Draga. Tel. 00385/91/515 7212, Fax 00385/51/737341, E-Mail: info@marinesport.hr, Internet: www.marinesport.hr

Lovran:
Diverland International. Der Italiener Marco Eletti führt im Hotelgelände des Hotel „Bristol“ seine Tauchbasis gemeinsam mit kroatischen Partnern. Mittlerweile entwickelte sich das Unternehmen vorwiegend für seine Landsleute zu einem magischen Anziehungspunkt. Auf stabilen Gummi-Schnellbooten können die Tauchplätze der Umgebung in kürzester Zeit erreicht werden. Zusätzlich steht ein 16 m langer Kutter mit Kompressor an Bord für Tagesfahrten bereit. Die vor Wind und Wellen geschützte basiseigene Bucht eignet sich optimal zur Anfängerausbildung, aber auch als Ausgangspunkt für erlebnisreiche Tauchgänge. Neben einer schnellen Füllanlage, Ausrüstungsverleih und -verkauf sowie Unterkunftsvermittlung bietet die Basis die Möglichkeit der Ausbildung nach den Richtlinien von PADI und CMAS. Geöffnet von März bis November, auf Anfrage auch länger.
Adresse: Brajdice 50, HR-51415 Lovran/Croatia. Tel. & Fax 00385/51/293 410, Mobil: 00385/98/23 44 71.

Die Kvarner Bucht

Als Kvarner Bucht wird der Bereich östlich der Halbinsel Istrien einschließlich der 4 Inseln Krk, Cres, Lošinj und Rab bezeichnet. Die meisten guten Tauchplätze können hier nur vom Boot aus erreicht werden. Taucht man direkt von zugänglichen Stellen vom Ufer aus, findet man sich großenteils in flachen Buchten wieder. Aber auch dort kann man inmitten von ausgedehnten Seegraswiesen vielfältiges Leben entdecken.
Beachtenswert ist die Tatsache, dass vor den Inseln durchwegs bessere Sichtweiten herrschen als zur gleichen Zeit an den Küsten des Festlandes. Auch vom Wettergott sind die Inseln meist bevorzugt. Bringen dicke Wolken Regen über das Festland, so kann beispielsweise auf Lošinj noch längst die Sonne scheinen.

Die Insel Cres

Kahle Hügelketten, mit zahlreichen Legsteinmauern überzogen, kennzeichnen das langgezogene Eiland, das tief in die Bucht von Rijeka eindringt und den starken Anstürmen der Bora ausgesetzt ist. Während im nördlichen Teil der Insel Steineichen- und Hainbuchenwäldchen dem Auge ein wenig Abwechslung bieten, gedeihen im Süden sogar Olivenhaine und Weingärten. Landwirtschaft, Fischfang und Schafzucht versorgen seit jeher die Bewohner mit Nahrungsmittel. Und auch heute hat der Tourismus noch bei weitem nicht die Ausmaße angenommen wie auf der Nachbarinsel Lošinj. Auf Cres konzentriert sich die Hauptmasse der Urlauber auf die wenigen Orte Cres, Osor, Martinšćica und Valun.
Ein seltenes Phänomen ist der Süßwassersee Vrano (Tauchverbot!). Mit einer Fläche von 5,75 km^2 ist er der größte See von ganz Kroatien. Die Oberfläche dieses Sees liegt über, sein Grund 74 Meter unter dem Meeresspiegel. Er wird als natürlicher Trinkwasserspeicher streng geschützt – ganz Cres und Lošinj beziehen daraus ihr Leitungswasser.
Als Schutz- und Rückzugsgebiet für zahlreiche inzwischen selten gewordene Vogelarten, unter ihnen den vom Aussterben bedrohten Gänsegeier, ist die Insel zumindest für Ornithologen ein Begriff geworden. Aber auch alle anderen Naturliebhaber kommen hier auf ihre Kosten, wenn sie auf den einsamen Hirtenwegen das unwegsame Hinterland durchstreifen.

Cres-Wrack: *(Lina* oder *Lena)* Das unter verschiedenen Namen bekannte Schiff lief vermutlich 1914 auf eine Felszunge am Nordende von Cres auf und sank innerhalb kurzer Zeit. Heute liegt der mit 80 m lang und imposant wirkende italienische Kohlefrachter aufrecht in einer Tiefe von 24 – 52 Meter. Folgt man bei mittelmäßiger Sicht dem steil abfallenden Meeresgrund in die Tiefe, wird man in knapp 30 m überrascht vor einer Wand stoppen. Beim Höhertauchen erkennt man

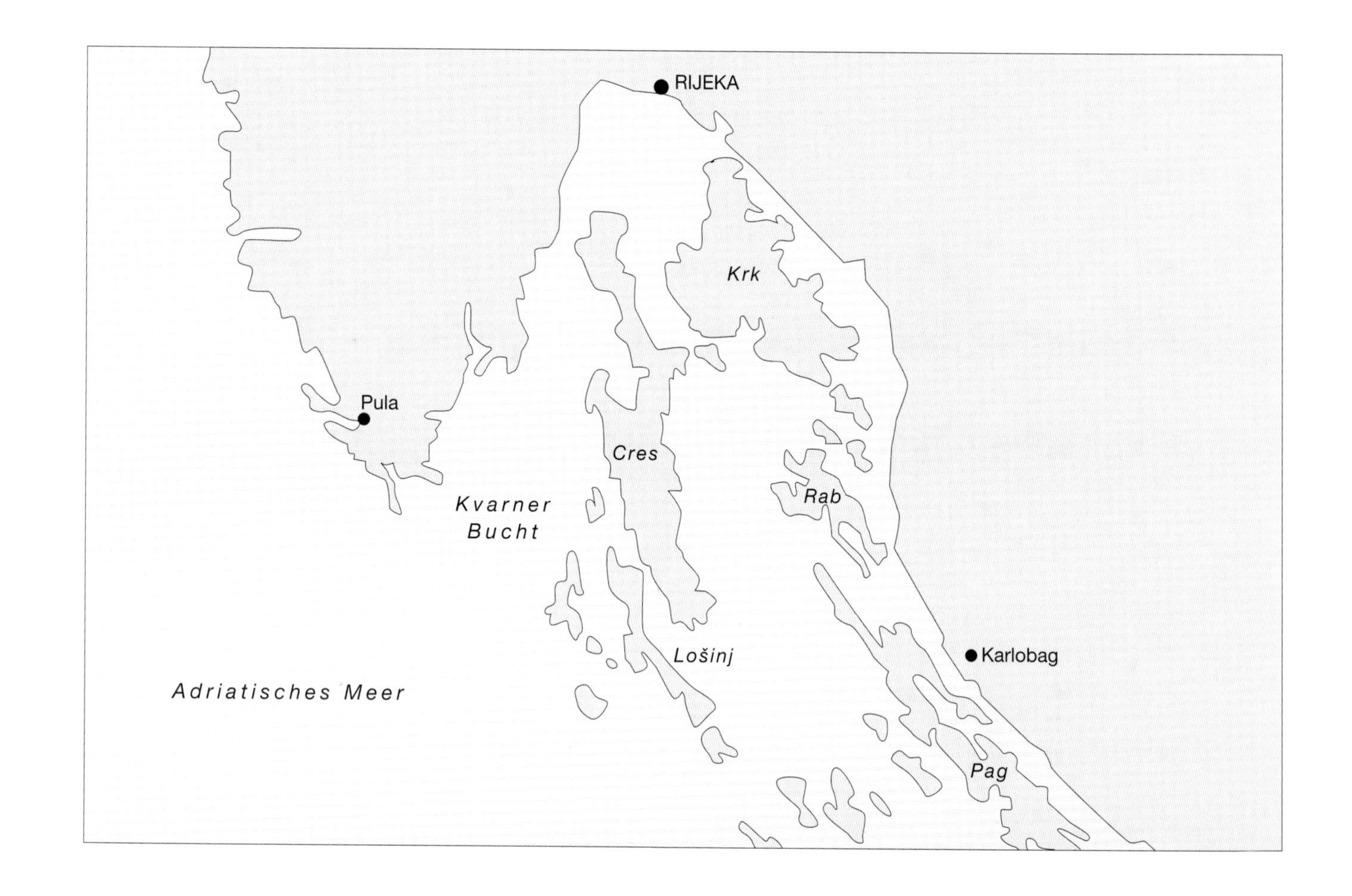
RIJEKA
Krk
Pula
Cres
Rab
Kvarner
Bucht
Lošinj
Karlobag
Adriatisches Meer
Pag

den gut erhaltenen Stahlrumpf. Taucht man am Oberdeck entlang tiefer, gelangt man zu den gefahrlos betauchbaren Laderäumen. Ein großer Dorschschwarm hält sich hier häufig auf. In den dunkleren Ecken lässt sich auch gelegentlich der ein oder andere Congeraal entdecken. Nicht außer Acht lassen sollte man an dieser Stelle seinen Tauchcomputer, denn wir befinden uns hier schon unterhalb der 40-m-Sporttauchgrenze! Taucht man dennoch tiefer, erwartet einem nichts Aufregenderes als ein im Schlamm steckendes Schiffshinterteil!

Beli-Bucht: Einer der wenigen interessanten Tauchplätze, die bequem vom Ufer aus erreicht werden können! Taucht man direkt vom idyllisch gelegenen Naturhafen des Örtchens Beli nach links ab, so stößt man in 24 m Tiefe unweigerlich auf die Überreste eines VW-Käfers, der hier vermutlich vor einigen Jahren kostengünstig entsorgt worden ist. Hält man sich weiter nach links, gelangt man bald zu einer bis in eine Tiefe von 45 Meter abfallenden Steilwand. Der teilweise überhängende Fels ist mit Spalten und kleinen Höhlen durchzogen und mit Unmengen von gelben Krustenanemonen bewachsen. Durch die meist leicht herrschende Strömung sind die Tentakelkronen vollständig geöffnet und vermitteln das Bild eines leuchtend gelben Teppichs. Obwohl der Fischerort nicht weit entfernt ist, besitzt die Begegnung mit einem kapitalen Hummer hier keinen Seltenheitswert. Etwas mehr Glück ist nötig, will man wieder zurück im flachen Wasser der Bucht ein Seepferdchen aufspüren.

RT Selcine: Wenn man in der südlichen Bucht von Selcine seinen Tauchgang beginnt, stößt man in 10 m Tiefe auf einen gewaltigen Felsen, der von 2 auf 25 m Tiefe senkrecht abfällt. Er ist schön bewachsen, und vor allem im oberen Bereich kann man immer wieder Fischschwärme beobachten.
Taucht man nach einer Umrundung des Felsens entlang der Steilwand weiter, so gelangt man zwischen 30 und 40 m Wassertiefe in das Reich der Roten Gorgonien. Allerdings sollte man hier nicht nur wegen der großen Tiefe mit besonderer Umsicht tauchen, sondern auch wegen der oft herrschenden starken Strömung!

Felsen: Nördlich der Anlegestelle der Fähre von Krk nach Cres findet man eine Felswand, die 4 m unter der Wasseroberfläche und ca. 15 m vor der Küste beginnt. Folgt man der steil abfallenden Wand in südlicher Richtung in die Tiefe, so gelangt man in 36 m Tiefe zu einigen alten Stricken, die sich schon vor geraumer Zeit am Fels verhangen haben müssen. Meist kleben einige Eikapseln von Katzenhaien daran. Ab einer Tiefe von 40 m ist die Steilwand stark mit kleinen Spalten und Kavernen durchsetzt – den Domizilen der zahlreichen Krustentiere. Auch Hummer und große Seespinnen wurden hier schon gesehen. In 50 m Tiefe geht der Fels in fast ebenen Sandgrund über. Die Ostseite von Cres ist ein Paradies für Steilwandfanatiker. Ein Blick auf die Seekarte zeigt durchwegs Tiefen von 50 m schon wenige Meter von der Küste entfernt!

TAUCHBASEN

Cres:

Diving Cres. Knappe 2 km von der Inselhauptstadt Cres entfernt inmitten des Campingplatzes Kovačine. Das PADI 5 Star-IDC-Center von Nicole Kiefhaber & Mirko Obermann bildet vom Anfänger bis zum TL aus. Daneben ist vor allem die Möglichkeit der Gehörlosenausbildung erwähnenswert. Auch Kinder ab 10 Jahren werden hier professionell betreut. Ausrüstungsverleih und -verkauf. Vielfältig gestaltetes Hausriff. Tauchfahrten mit den geräumigen Holzschiffen der Basis zu den Highlights von Cres. Die meisten der 32 angesteuerten Plätze liegen auf der Westseite der Insel. Geöffnet von Anfang April bis Ende Oktober.
Adresse: Autocamp Kovačine, HR-51557 Cres/Croatia. Tel. & Fax 00385/51/571 706, E-Mail: info@divingcres.de, Internet: www.divingcres.de

Beli:

Diverland Beli. Auf der NO-Seite von Cres befindet sich die Tauchbasis und Pension Tramontana. Erwarten Sie keine großartigen touristischen Einrichtungen – in Beli ist die Zeit tatsächlich stehen geblieben. Die Einwohner beziehen noch heute ihr Trinkwasser aus Zisternen. Die gemütliche Basis ist besonders für überschaubare Tauchgruppen sowie für Einzelgäste geeignet. Je nach Ansturm geht es entweder im 8,5 m langen Tauchboot oder im Schnellboot zu den umliegenden Tauchgründen. Anfängerausbildung findet nach den Richtlinien von PADI statt. Unterkunft und Verpflegung erhält man in der frisch renovierten Tauchpension Tramontana. Geöffnet ganzjährig (auf Anfrage)!
Adresse: Pension Tramontana, Beli, HR-51557 Cres/Croatia. Tel. & Fax 00385/51/840 519, Mobil: 00385/91/25 39 281, E-Mail: diving-base-beli@ri.tel.hr

Martinšćica:

Auto Camp Slatina. Die kleine Halbinsel vor dem Küstenstädtchen Martinšćica beherbergt den gut organisierten Campingplatz Slatina. Die kleine kroatische Basis „Triton“ (deutsch sprechend) organisiert bei Bedarf auch Bootsfahrten zu den umliegenden Tauchgründen. Geöffnet von Mai bis Ende September.
Adresse: Auto Camp Slatina, HR-51556 Martinšćica/Croatia. Reception: Tel. 00385/51/574 127, Fax 00385/51/574 167, E-Mail: kontakt@slatina-camping.de

Die Rote Gorgonie (Paramuricea clavata) findet man fast ausschließlich unterhalb von 30 m Wassertiefe. Das leuchtende Rot dieser Hornkoralle erinnert an tropische Weichkorallen. Ein Meerjunker (Coris julis) schwimmt neugierig ins Bild.

Die Insel Lošinj

Nur ein schmaler Kanal, über den eine befahrbare Brücke führt, trennt Lošinj von der Nachbarinsel Cres. Subtropische Vegetation mit Palmen, Pinien, Agaven, Oleander und Zitrusbäumen haben die Insel Lošinj zu einem begehrten Touristenziel gemacht. Mali Lošinj zählt zu den sonnigsten Orten in Europa und ist durch die Wälder von Lošinj geschützt. Das ausgeprägt mediterrane Heilklima ohne winterliche Minusgrade linderte bereits im vorigen Jahrhundert die Leiden von zahlreichen Atemwegserkrankten aus ganz Europa; selbst gekrönte Häupter wie der österreichische Kaiser Franz Joseph und Kronprinz Rudolf kamen auf der Suche nach Gesundheit und Erholung hierher.
Heute ist Lošinj in erster Linie das Ziel aller wassersportbegeisterten Urlauber. Egal, ob man segeln, surfen, Motorboot fahren, angeln, mit oder ohne Bekleidung (FKK) am Strand liegen möchte – hier kann jeder seinem Hobby frönen. Natürlich ist auch für uns Taucher etwas dabei. Weniger gut, wegen der fehlenden Möglichkeiten, ist hier das Tauchen von Land aus. Die schönsten Lošinj-Tauchgänge beginnen von Bord eines Tauchschiffes.
Erwähnenswert ist das „Adriatische Delphin Projekt“, das bereits seit 1987 vom Tethys-Forschungs-Institut in Veli Lošinj durchgeführt wird. Es handelt sich dabei um eine wissenschaftliche Langzeitstudie über die Biologie, Ökologie und Sozialstruktur der Großen Tümmler (Tursiops truncatus) in den Gewässern von Cres und Lošinj. Zu den wichtigsten Untersuchungsmethoden gehört dabei die Fotoidentifikation. Im Laufe eines Delphinlebens überziehen Kerben und Narben die Rückenflosse eines Delphins und machen – ähnlich einem Fingerabdruck – das Individuum unverwechselbar. Bis jetzt konnte man bereits knapp 150 Tiere auf Grund ihrer unterschiedlichen Rückenflossen identifizieren. Aber ebenso wichtig sind einfach nur Delphinsichtungen zu sammeln, um sie später statistisch auswerten zu können. Dabei kann jeder helfen, indem er seine Delphinbeobachtung in dem Gebiet Cres/Lošinj dem Informationszentrum so schnell wie möglich meldet: Tel. 0532/231 007. Datum, Tageszeit, Position, Anzahl, Bewegungsrichtung und Meeresbedingungen (ruhig, rau …) sind dabei für die Wissenschaftler von Interesse.

Schlachthof: (Landtauchgang!) Fährt man von Mali Lošinj in Richtung Cres, so kommt man nach ca. 2 km unweigerlich zu einer kurzen Brücke bei einer Fleischfabrik (ehemaliger Schlachthof). Hier sucht man sich einen Abstellplatz für den Wagen und steigt nach rechts ins Meer. Über zuerst schräg und dann in unterschiedlich hohen Stufen steil abfallenden Grund erreicht man bald eine Maximal-

Wenn die Bora weht, ein trockener und kalter Wind aus dem Landesinneren, der vorwiegend im Winter auftritt, ist oftmals an ein Tauchen nicht zu denken.

tiefe von 46 Meter. Unzählige Langarmige Springkrebse strecken ihre Scheren aus den Spalten und Löchern, die dicht von Krustenanemonen und roten Weichkorallen (Große Meerhand) umwuchert sind. Orangefarbene Geweihschwämme und Gelbe Gorgonien verleihen diesem Platz seinen zusätzlichen Reiz.

Giant Step: Der Name sagt eigentlich schon alles. Von der Ankerstelle kommend, taucht man einige Minuten über flachen Sand, bevor der Fels wie mit einem Messer abgeschnitten senkrecht 10 – 15 m tief abfällt, um dann wieder in absolut ebenen Sandgrund überzugehen. Ein gigantisches Bild, wenn man bei guter Sicht 10 – 20 m vor dem Riff schwebt und diese Stufe auf sich wirken lässt. Wie eine riesige, unüberwindbare Mauer – links aus dem Nichts kommend – rechts wieder im Nichts verschwindend. Die Wand ist wunderschön bewachsen und mit kleinen Höhlen und Spalten durchzogen. Zahlreiche Nacktschnecken leben an der Abbruchkante sowie am fleckenhaft wachsenden Seegras oberhalb.

Scampi-Riff: So wie die meisten Riffe an der Ostküste von Lošinj fällt auch dieses hier senkrecht von etwa 20 m auf 40 – 50 m Tiefe ab. Es zieht sich über eine Strecke von mehreren hundert Metern und hat somit auch nach zig Tauchgängen immer wieder etwas Neues zu bieten. Namensgebend ist die riesige Population an Langarmigen Springkrebsen, die im Volksmund auch als Scampi bezeichnet werden. Einige Taucher haben den Versuch unternommen, alle Krebstiere zu zählen, die ihnen bei einem Tauchgang unterkommen. Bei über 300 Stück innerhalb der ersten Viertelstunde wurde die Zählung jedoch abgebrochen. Auch kapitale Hummer sind hier an der Tagesordnung; manchmal begegnet man auch den gut getarnten Bärenkrebsen.

Kathedrale: Die im Flachwasser der Insel Srakane liegende Höhle hat einiges zu bieten. Ideal gelegen auch für weniger geübte Taucher ist der Eingang auf ca. 8 m Tiefe. Eine ca. 10 m lange Röhre mit einem anfänglichen Durchmesser von etwa 4 Meter führt zu einer geräumigen Halle, der eigentlichen Kathedrale. Erhellt wird das Ganze durch ein ca. 1,5 m^2 großes Loch in der Höhlendecke. Dadurch fallen fast den ganzen Tag über Sonnenstrahlen ein und verleihen der großen Halle einen Hauch von Mystik. Der Boden ist steinig und fast frei von Sediment. In den seitlichen Ausbuchtungen haben Hummer und Langusten ihre Schlupfwinkel. Neben Glasgarnelen sind im oberen Bereich der Höhle immer Meerraben anzutreffen. Die Wände und Decken sind vorwiegend mit krustenförmigen Schwämmen überzogen. Dazwischen sitzen vor allem im Eingangsbereich zahlreiche kleine und größere Drachenköpfe. Höhlenprofis halten sich in der großen Halle links und stoßen scheinbar am Höhlenende auf halber Höhe auf einen engen Spalt. Zwängt man sich hindurch, kann man etwa weitere 6 Meter in einer kleinen Nebenhöhle tauchen. Der Boden ist an dieser Stelle mit feinstem Sediment bedeckt und verzeiht keinen heftigen Flossenschlag.

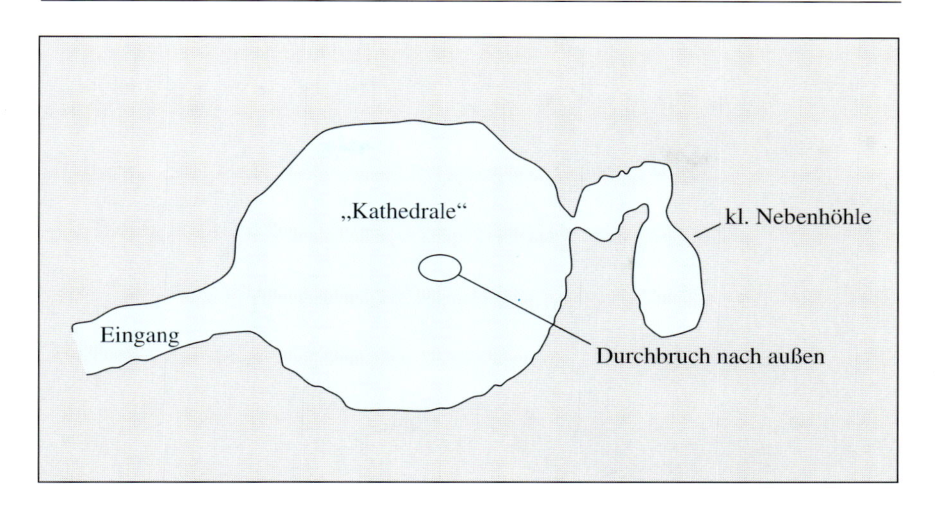

Susak: Südlich von Lošinj, im offenen Meer gelegen, hat die kleine Insel sowohl für Taucher als auch für Nichttaucher Einmaliges zu bieten. Bekannt als kleine, ethnische Enklave pflegen ihre Bewohner seit jeher einen ganz eigenständigen Dialekt, eine eigene Musik und besondere Trachten. Auch finden Badehungrige den einzigen natürlichen Sandstrand weit und breit.
Taucherisch gesehen, ist die Insel „das letzte Stück Land vor Italien“, wodurch es schon öfter zu Begegnungen mit Hochseebewohnern, wie großen Thunfischen und auch Schildkröten gekommen ist! Aber auch die Steilriffe selbst versetzen einen in Staunen. Auf über 40 m Tiefe abfallend, sind sie reichlich mit Gelben und Roten Gorgonien bewachsen. Conger, Drachenköpfe, Bärenkrebse und Hummer lassen sich regelmäßig bei nur einem Tauchgang bewundern – ein Eldorado für UW-Fotografen!

Kleines Rotes Meer: Die Unterwasserwelt dieses abgelegenen Tauchspots der Extraklasse scheint vom Massentourismus der letzten 30 Jahre unberührt geblieben zu sein. Taucht man hier bei klarer Sicht im Spätsommer, fühlt man sich wahrhaftig in tropische Breitengrade versetzt. Ein riesiger Canyon fällt von ca. 10 m Tiefe auf über 30 Meter steil ab. Die Wände sind herrlich bewachsen! In den unüberschaubaren Feldern von Roten Gorgonien, die den unteren Abschnitt überwuchern, tummeln sich nicht nur zahlreiche Congeraale.
Eine recht interessante Höhle, die allerdings nur von wirklich erfahrenen Tauchern aufgesucht werden sollte, bohrt sich hier ca. 50 m tief in den Fels hinein. Im hinteren Teil des langen, schmalen Stollens dringt Süßwasser ein und erhöht auf Grund der Schlierenbildung (nur wenige Zentimeter Sicht!) die Möglichkeit eines Tauchunfalles.

Amsterdam: Der 30 m lange Stahlfrachter wurde von seinem eigenen Kapitän – der Legende nach ein Schmuggler – vor ca. 25 Jahren versenkt. Heute steht das Wrack aufrecht in einer Tiefe von 46 Meter und ist so gut wie komplett erhalten. Die Brücke und der Frachtraum lassen sich gefahrlos betauchen; der etwas enge Maschinenraum sollte Wrackspezialisten vorbehalten bleiben. Die lebenden Attraktionen sind ein mindestens 40 cm großer Drachenkopf, der regelmäßig am Bug anzutreffen ist, sowie ein kapitaler Hummer, der achtern steuerbord unter dem Schiff seine Behausung gefunden hat.
Dieser Tauchplatz ist nur etwas für erfahrene Taucher, da Ab- und Aufstieg im Freiwasser zu erfolgen haben.

MS Tihany: Am 12. Februar 1917 sank das 70 m lange Fracht- und Passagierschiff nach einer Kollision mit einem anderen Schiff unweit der Insel Unije. Glück im Unglück hatten Passagiere und Besatzung des schweren Dampfers, da sie sich alle auf Unije retten konnten.
Das Wrack liegt heute auf der Steuerbordseite in ca. 30 m Tiefe, direkt am Fuß einer Steilwand und ist recht einfach zu betauchen. Der Holzrumpf ist zwar teilweise zerstört, die Aufbauten und die Innenkonstruktionen sind jedoch soweit erhalten, dass man hineintauchen kann. Die Ladung befindet sich nicht mehr im Wrack, aber im Lagerraum ist noch die große Ersatzschraube zu bewundern. Vereinzelt wird immer wieder Geschirr einer Londoner Manufaktur gefunden – auf keinen Fall mitnehmen! Spätestens beim Auftauchen sollte man sich dem nahe gelegenen Riff zuwenden – es ist ebenfalls recht lohnenswert.

Pelagosa: Das Kriegsschiff wurde gegen Ende des 1. Weltkrieges torpediert und sank beim Versuch, es in den nächsten Hafen zu schleppen. Erst im Herbst 1995 wurde das komplett erhaltene Wrack wieder entdeckt und bisher, nicht zuletzt auf Grund seiner exponierten Lage, nur sehr selten betaucht. Erschwerend kommt hinzu, dass es sich in einer Tiefe von ca. 55 Meter auf ebenem Grund befindet.
Durch die ständig herrschende Strömung und die lange Zeit im Wasser ist das Wrack prächtig bewachsen und bietet als „künstliches Riff" mittlerweile unzähligen Lebewesen Schutz und Wohnstätte. Neben verschiedenen Schwammarten, gigantischen Moostierchenkolonien und Röhrenwürmern beeindrucken vor allem die Gorgonien, die sich hier niedergelassen haben. Conger, Drachenköpfe, Dorschschwärme, Hummer und Bärenkrebse begegnen einem bei dem leider nur kurzen Abstieg in das ewige Dämmerlicht der großen Tiefe mit an Sicherheit grenzender Wahrscheinlichkeit.

Wo die (UW-)Welt noch in Ordnung ist: Drachenkopf an Steilwand in 40 m Tiefe.

TAUCHBASEN

Mali Lošinj:

Diving Center Sumartin. Direkt am Fischerhafen Sv. Martin liegt die kleine Basis von Zivko Zagar. Bereits seit 10 Jahren führt der Kroate mit seiner perfekt deutsch sprechenden Frau Giulia den Tauchbetrieb. Neben Ausfahrten und Ausrüstungsverleih ist man auch bei der Unterkunftsvermittlung behilflich. Auf dem 9 m langen Stahlkutter *Dondo* finden maximal 12 Personen Platz. Bei Ganztagesfahrten mit gemütlichem Stop in einer einsamen Bucht, „dringt die *Dondo* ... in Gebiete vor, die nie ein Mensch zuvor gesehen hat...“. Geöffnet von Ostern bis Anfang November (Füllmöglichkeit auf Anfrage ganzjährig).
Adresse: Vresikova 4a, HR-51550 Mali Lošinj/Croatia. Tel. & Fax 00385/51/232 835 oder Tel. 00385/51/233 640, E-Mail: diving@sumartin.com, Internet: www.sumartin.com
Info in Deutschland: Nils Niederstebruch, Tel. & Fax 08092/336 860.

Adriatic Divers. In der malerisch gelegenen Cikat-Bucht, direkt beim Hotel Bellevue, befindet sich die gut ausgestattete Basis unter deutscher Leitung. Umfangreiche Leihausrüstung sowie genügend Platz für eigenes Equipment. Die beiden Tauchboote bringen 2-mal täglich je 10 Taucher zu wunderschön bewachsenen Steilwänden, alten Wracks, riesigen Grotten oder weitläufigen Amphorenfeldern. Ebenfalls tauchen kann man in der geschützten Bucht direkt vor der Basis. Ausbildung vom Anfänger bis zum Tauchlehrer erfolgt nach den Richtlinien von CMAS, VDST und VETL.
Unterkunftsvermittlung an die Tauchpension Theimer (Tel. 00385/51/231 478, Internet: www.mali-losinj.com/Pension-Theimer), den örtlichen Campingplatz oder eines der umliegenden Hotels möglich. Geöffnet von Anfang Mai bis Mitte Oktober. Bitte beachten! Sonntagnachmittag geschlossen!
Adresse: Uvala Cikat, HR-51550 Mali Lošinj/Croatia. Tel. & Fax 00385/51/232 918, E-Mail: info@adriaticdivers.de, Internet: www.adriaticdivers.de

Diver Sport Centers International. Eine von drei Zweigstellen einer kroatischen Gesellschaft. Die Basis liegt in der schönen Cikat Bucht unmittelbar am Strand. Ausbildung erfolgt nach den Richtlinien von SSI. Mit dem 9-m-Tauchboot *Speedy III* (max. 16 Taucher) werden regelmäßig die schönsten Tauchplätze der Umgebung angefahren. Geöffnet von Ostern bis Anfang Oktober.
Adresse: Uvala Cikat, HR-51550 Mali Lošinj/Croatia. Tel. & Fax 00385/51/232 800, E-Mail: michael@croatia-diver.de, Internet: www.croatia-diver.de

Die Nacht ist die Zeit der Krustentiere! Zwei Bärenkrebse (Scyllarus arctus) und ein kleiner Einsiedlerkrebs begeben sich auf Nahrungssuche.

Die Insel Krk

Mit knapp 410 km^2 die größte Adriainsel, ist sie über eine Brücke sowie einen Flughafen mit der Außenwelt verbunden und stellt dadurch ein Paradebeispiel guter touristischer Infrastruktur dar. Für einige ist Krk eine goldene Insel, andere jedoch nennen sie grün. Beide haben Recht. Golden wird sie genannt auf Grund ihrer hohen touristischen Attraktivität – grün auf Grund ihrer üppigen Vegetation. In der kroatischen Geschichte nimmt die Insel, speziell der Ort Baška, einen ganz besonderen Stellenwert ein – hier wurde das älteste Schriftdenkmal in kroatischer Sprache („Bascanska ploca“) gefunden.

Big Cave: Der Eingang dieser wahrhaft riesigen Höhle liegt zwischen 3 m und 12 m Wassertiefe. Taucht man einen Rundkurs durch die ganze Höhle, so erstrahlt die gesamte mit farbenprächtigen Schwämmen überzogene Wand im Schein der Taucherlampe. Der hintere Bereich öffnet sich zu einer großen Kathedrale. Hier ergießt sich eine glasklare Süßwasserquelle, die das Höhlendach mit kühlem Frischwasser ausfüllt. Ein phantastischer Blick bietet sich, taucht man durch das riesige Tor wieder hinaus ins blaue Wasser der Adria.

Indianerfels: Mit zwei Höhlen und 3 Grotten kann dieser Tauchplatz aufwarten. In nur 5 m Wassertiefe taucht man an einer total zerklüfteten Felswand in die erste Höhle, eine Tropfsteinhöhle. Danach folgt eine Grotte der anderen. Die Wand dazwischen ist dicht mit Gelben Gorgonien bewachsen. In 22 m Tiefe erreicht man schließlich eine geräumige Höhle, die sich ca. 15 m tief in den Fels hineinbohrt und von unzähligen kleinen Fischen und Garnelen bewohnt wird.

Lorelei: Ein Felskamm wie in den Alpen steht waagerecht vom Land weg. In 20 m Tiefe kommt man an einer Seemine aus dem 2. Weltkrieg vorbei. Folgt man der Wand weiter schräg nach unten, stößt man auf zahlreiche Haarsterne, die von Geweihschwämmen oder anderen erhöhten Standpunkten aus ihre Arme zum Planktonfang in die Strömung strecken. Drachenköpfe, Kraken und als Highlight ein altes Tau in 38 Meter, das voll besetzt ist mit Katzenhaieiern. Hin und wieder hat man auch das Glück, die Eltern zu sehen. Wieder zurück im Flachwasser, trifft man regelmäßig Seepferdchen. Um zum Boot zurückzukommen, muss man gelegentlich riesige Brassen- und Mönchsfischschwärme durchdringen.

Leuchtturm Plavnik: Eine wunderschön bewachsene Steilwand fällt hier bis in über 40 m Tiefe ab. Ab einer Wassertiefe von etwa 25 Meter beginnen Rote Gorgonien die Wand zu überziehen. Das Dottergelb der Krustenanemonen kontrastiert

Wo ständig leichte Strömung herrscht, können Gelbe Gorgonien (Eunicella cavolinii) zu gewaltigen Exemplaren heranwachsen.

fantastisch mit dem Dunkelrot der Hornkorallen. Auch hier hängen immer wieder die Eier von Katzenhaien in der sauerstoffreichen Strömung und warten geduldig auf ihren Schlupf. Aus den niedrigen Kavernen am Fuß der Wand ragen bedrohlich die Scheren kapitaler Hummer hervor, und so mancher Congeraal versteckt sich in Spalten zwischen den Gorgonien.

Pelastyes: Seit knapp 30 Jahren liegt der griechische Frachter schon aufrecht auf ebenem Meeresgrund vor der Ortschaft Silo im Vinodolski-Kanal. Im schweren Sturm vom gegenüberliegenden Crikvenica losgerissen, zerschellte das führerlose Schiff an den Klippen von Krk. Bis auf 7 m Tiefe ragt der Mast des hervorragend erhaltenen Wracks herauf. Schwämme, Moostierchen, Röhrenwürmer, Algen, aber auch im Laufe der Jahre angehäufte Sedimentschichten verleihen dem Schiff etwas Unheimliches. Der Hauptteil befindet sich im 20-m-Bereich und ist somit für Sporttaucher gut erreichbar. Die Aufbauten mit Brücke, Kombüse und Mannschaftsräumen können relativ gefahrlos betaucht werden. Die engen Gänge des Maschinenraumes sollten erfahrenen und entsprechend ausgerüsteten Wracktauchern vorbehalten bleiben. Die Schiffsschraube steckt an der tiefsten Stelle in 33 Meter halb verborgen im weichen Sandboden.

Sportboot-Wrack: An der Westseite der Insel Plavnik startet man inmitten einer idyllischen Kiesbucht seinen Tauchgang. Schon nach kurzer Strecke gelangt man zu einer senkrecht abfallenden Steilwand voller Spalten und kleiner, zum Teil betauchbarer Grotten. Drachenköpfe, Seespinnen und andere Krustentiere lassen sich in den Vertiefungen des reich bewachsenen Felsens gut beobachten. In ca. 40 m Wassertiefe verschwindet die Wand in leicht schräg abfallendem Kiesgrund. Hier ruht ein etwa 8 m langes Sportboot mit dem Kiel und zwei Z-Antrieben nach oben. Um das Wrack herum findet man alte, längst untaugliche und bewachsene Scampi-Reusen. Beim Zurücktauchen in die Bucht zahlt es sich aus, etwas genauer den Kiesboden des Flachwassers zu untersuchen. Regelmäßig trifft man hier Tintenfische und Kraken an.

Kormati: Am Nordende der winzigen Insel befindet sich eine Steilwand, die in südlicher Richtung bis auf 45 m Wassertiefe abfällt; in nördlicher Richtung geht sie schon in 28 m Tiefe in fast ebenen Sandgrund über. Beide Seiten sind jedoch auf Grund der ständig herrschenden (meist leichten) Strömung fantastisch bewachsen. Taucht man die nördliche Route, so kann man in einer kleinen Bucht in 6 m Tiefe durch einen Canyon auf die andere Seite der Insel gelangen, wo es dann im 5- bis 10-m-Bereich zurück zum Ausgangspunkt geht.
Folgt man der Felswand in südlicher Richtung, so muss man auf die teilweise starke Strömung achten, die einen ansonsten auf das offene Meer hinaustragen kann. Wegen des günstigeren Sonnenstandes sind beide Tauchplätze am Vormittag schöner zu betauchen.

Mali Plavnik: Östlich des Inselchens Mali Plavnik kann man über Wasser unschwer einen großen und daneben einen kleineren Felsen im Meer ausmachen. Beginnt man seinen Tauchgang zwischen beiden und folgt dem größeren in die Tiefe, kommt man in eine überhängende, farbenprächtig bewachsene Steilwand. Am Fuße der Wand befinden sich noch zwei weitere Felsen, die einen kleinen Canyon mit zahlreichen Spalten und Löchern bilden. In einer Wassertiefe von 27 m überzieht ein altes Fischernetz den zweiten Felsen höchst dekorativ. Die Felsen gehen an ihrer Außenseite in maximal 38 m Tiefe in Sandgrund über.
Beim Auftauchen an der Einstiegsstelle sollte man sich das faszinierende Lichterspiel der Sonnenstrahlen auf den von Wind und Wellen ausgewaschenen Felsen nahe der Wasseroberfläche ansehen.

TAUCHBASEN

Krk:

Fun Diving Krk. Basis unter deutscher Leitung am Rande der Altstadt. Ausbildung nach den Richtlinien von PADI, CMAS und FiT vom Anfänger bis zum Tauchlehrer. Spezielle Kindertauchkurse (ab 8 Jahren) sowie eine NITROX-Füllstation runden das umfangreiche Angebot ab. Neben Tagesausfahrten werden auch Wochenendtörns und Wochensafaris bis in die Kornaten durchgeführt. Auf Sicherheit sowie komfortables Tauchen wird großen Wert gelegt. Geöffnet von Ostern bis Anfang November.
Adresse: Lukobran 8, HR-51500 Krk/Croatia. Tel. & Fax 00385/51/222 563, Mobil: 0049/(0)171/490 9509, E-Mail: info@fundivingkrk.de, Internet: www.fundivingkrk.de

Punat:

Taucher-Treff. Mitten in Punat befindet sich diese Basis unter deutscher Leitung. Das umfangreiche Angebot umfasst Ausbildungskurse nach Richtlinien von PADI, SSI und pda/CMAS sowie Ausrüstungsverleih und -verkauf. Auf einem geräumigen Holzkutter geht es täglich hinaus aufs Meer. Der 1973 gesunkene, 70 m lange griechische Frachter *Pelastyes* ist nur eine der angefahrenen Tauchattraktionen. Geöffnet von Ostern bis Ende Oktober.
Adresse: Pasjak 1, HR-51521 Punat – Insel Krk/Croatia. Tel. & Fax. 00385/51/855 120, E- Mail: tauchertreff@web.de, Internet: www.tauchertreff-punat.de

Stara Baška:

Tauchbasis Leo & Co, Scuba Stara Baška. Wenige Kilometer von Punat entfernt liegt diese österreichische Basis mit angeschlossener Taucherpension. Mehrmals täglich geht es im Schnellboot zu den nahe liegenden Tauchgründen. Ausbildung

findet nach PADI und CMAS statt. Auch NITROX-Ausbildung ist möglich. Geöffnet: von Ostern bis Oktober.
Adresse: Scuba Stara Baška, Pension Nadia, Stara Baska 253, HR-51521 Punat. Tel. 00385/51/844 373 (Saison), Tel. 0043/1/278 52 35 (Winter), Fax 0043/1/ 271 94 06, E-Mail: divekroatien@aon.at, Internet: www.dive-kroatien.com

Baška:
Tauchbasis Delphin. Deutsche Basis im Ortszentrum. Ausbildung nach PADI, VDST, CMAS, PDA und VIT, Ausrüstungsverleih und Unterkunftsvermittlung. Mehrmals täglich Ausfahrten mit dem 9 m langen Kutter. Besonders erwähnenswert sind dabei die Steilwände der Felsinsel Privic. Geöffnet von Ostern bis Mitte Oktober. E-Mail: tauchbasisdelphin@ri.hinet.hr, Internet: www.tauchbasis-delphin.com

Malinska:
Diver Sport Centers International. Kroatische Basis an der Westküste von Krk in der Feriensiedlung „Haludovo". Tel. & Fax 00385/51/859 111, E-Mail: michael@croatia-diver.de, Internet: www.croatia-diver.de

Die Insel Rab

Drei Bergrücken prägen das Landschaftsbild des sonnenverwöhnten Eilandes in der Kvarner Bucht. Legt man mit der Fähre von Jablanac kommend in Mišnjak an, so würde man am liebsten gleich wieder umkehren. Nur kahle, trockene, zerklüftete Felslandschaft, wohin man blickt. Überwindet man sich und folgt der einzigen Straße über den Bergrücken, so glaubt man bereits nach wenigen Fahrminuten seinen Augen nicht mehr zu trauen. Einem grünen Paradies gleich, überziehen Eichen- und Pinienwälder, Weingärten und Gemüsefelder die sanften Hügel und Ebenen. Durch ihre 300 Wasserquellen gilt Rab als eine der waldreichsten Inseln der Adria. Besonders stolz sind die Bewohner auf ihren Park „Komrcar" mit Lorbeer, Pappeln, Zypressen, Feigenkakteen, Rosmarin, Agaven, Jahrhunderte alten Kiefern und Palmen. Kommt man gar im Frühling nach Rab, so taucht man ein in ein Meer aus Blüten. Das 1889 zum Seebad und Kurort erklärte gleichnamige Städtchen Rab fasziniert durch seine unter Denkmalschutz stehende Altstadt. Seine romantischen Glockentürme, Kirchen und Paläste, die engen Gassen und uralten Fassaden geben den Eindruck vergangener mediterraner Kunst und Kultur wieder.
Vielfach werden von den Tauchbasen auf Rab auch Tauchspots der benachbarten Inseln angefahren.

Diese schroffe Felsküste verheißt einen interessanten Tauchplatz.

Red Sea: Dieser „Geheimplatz“ wird nur selten und ausschließlich mit hervorragenden Tauchern von Andreas Kron angesteuert. Über eine sanft abfallende Seegraswiese schwebt man dahin, um erst im 15-m-Bereich auf eine Kante zu stoßen. Senkrecht stürzt das Felsriff in die Tiefe. Folgt man der Wand nach unten, so fängt man spätestens nach weiteren 20 m freien Falls zu staunen an und wird bis zum Erreichen des Sandgrundes in knapp 50 m Wassertiefe nicht mehr damit aufhören. Rote Gorgonien einer Größe, wie man sie sonst fast nur vor den Kornaten findet, überziehen dicht an dicht den Fels. Kapitale Congeraale verbergen sich in den Spalten hinter den buschigen Ästen der Hornkorallen, und leuchtendrote Drachenköpfe lauern an den wenigen nicht bewachsenen Stellen unvorsichtigen Fischen auf. Wo die Steilwand in den Sedimentboden übergeht, ist das Reich der Hummer. Äußerst wehrhafte Exemplare verteidigen ihre Wohnhöhlen und vermögen auch den stärksten Taucherfinger zu durchtrennen ...
Will man innerhalb der Nullzeit bleiben, so muss man diesen außergewöhnlichen Tauchplatz leider viel zu früh verlassen. Beim Austauchen in der Seegraswiese lässt sich jedoch auch noch so manch interessante Entdeckung machen. Gerne verbergen sich hier Tintenfische und Kraken gut getarnt zwischen den grünen Blättern. Auch farblich bestens angepasste Lippfische und Garnelen bis hin zu Seepferdchen kann man hier finden.

Oktopus Riff: Hinter der Insel Rab trifft man in nördlicher Richtung auf ein Riff, das, wie schon der Name verrät, von zahlreichen Kraken „heimgesucht“ wird. Der Tauchgang beginnt an der bis zu 60 m tiefen Steilwand, die fantastisch mit Schwämmen, Gorgonien, Moostierchenkolonien, Seescheiden und Algen bewachsen ist. Schwebt man in nördlicher Richtung der Wand entlang, so kann man in 4 bis 10 m Tiefe in den Sommermonaten viele Kraken beim Bewachen ihrer Laichplätze beobachten. Die Weibchen sitzen dabei in kleinen Höhlen und Spalten und pumpen den von der Decke hängenden weißen Laichschnüren ständig frisches Wasser zu, um die Embryonen mit ausreichend Sauerstoff zu versorgen. Ein Tauchplatz, der sich nicht nur in den Sommermonaten lohnt, besucht zu werden!

Badanj Abis: Auf Grund der geschützten Lage lässt sich hier fast immer tauchen. Die kleine, aber feine Steilwand fällt bis maximal 32 m Tiefe senkrecht ab und ist reich bewachsen. Beim Zurücktauchen findet man in 5 m Wassertiefe den Eingang zu einer Grotte. Etwa 15 m weit führt ein sich nach hinten verengender Raum in das Felsriff hinein. Kommt man nicht mehr weiter und muss umkehren, so wird der Blick frei auf den Ausgang, von wo das tiefe Blau der Adria stimmungsvoll hereinleuchtet ...

Gar manche Felswand birgt interessante Grotten und Höhlen. Jedoch Vorsicht! Weniger qualifizierte Taucher sollten nicht zu weit eindringen!

Puni Mjesec (Halbmond): Eine „Litfaßsäule der kroatischen Adria" käme der morphologischen Beschreibung dieses Riffes sehr nahe. Etwa einen Meter ragt die Spitze dieser Untiefe über die Wasseroberfläche. Die senkrecht abfallenden Wände der gigantischen Felsnadel verschwinden erst im 50-m-Bereich im ebenen Sandgrund. Nahezu die gesamte Fauna und Flora des adriatischen Meeres scheint man hier beobachten zu können, taucht man von unten beginnend, schraubenförmig den Stein umrundend, nach oben. Unzählige Löcher und Kavernen bieten vor allem im oberen Teil für die reichhaltig vertretene Krustentierwelt Unterschlupf und Nahrung. Auch relativ seltene Vertreter der Nacktschnecken wurden hier schon beobachtet.

Wrack „Ston": Ein Fischkutter lief vor geraumer Zeit vermutlich bei schlechtem Wetter auf die Felsriffe der kleinen Insel Ston auf und sank. Er liegt in einer winzigen Bucht, der ein Inselchen vorgelagert ist. Den Abstieg beginnt man am besten etwa 15 m von dem Inselchen entfernt im Freiwasser. Bei guter Sicht erblickt man im „freien Fall" bereits in etwa 20 m Tiefe die Silhouette des Wracks. Es ruht in einer Tiefe von 38 bis 50 m aufrecht am Grund. Die Planken des 25 m langen Schiffes haben sich im Laufe der Jahre vollkommen aufgelöst, sodass lediglich das Gerippe die Ursprungsform erkennen lässt. Gerade dies macht das Wrack jedoch interessant. Der Motor ist im Inneren noch zu erkennen. Einige Drachenköpfe, Brassen, Furchenkrebse und ein Knurrhahn sind ständig hier anzutreffen.
Etwa 20 m vom Wrack entfernt beginnt die Steilwand der Insel. Sie bietet zum Austauchen und für viele weitere Tauchgänge ausreichend Abwechslung.

TAUCHBASEN

Kampor:

Kron Diving Center. Das Geschwisterpaar Annette & Andreas Kron haben mit ihrer Anfang 1996 eröffneten Basis neue Maßstäbe für das Tauchen auf Rab gesetzt. Langjährige Erfahrung, gepaart mit dem Blick fürs Detail, flossen anschaulich in die Gestaltung der großzügig ausgestatteten Tauchbasis ein. Unterkunftsvermittlung, Ausrüstungsverleih und -verkauf sind für die Krons ebenso selbstverständlich wie die mehrmals täglich stattfindenden Ausfahrten mit Schnellbooten. Getaucht wird üblicherweise in kleinen Gruppen, jedoch ist man für Sonderwünsche (z. B. Fotografen, Filmer) jederzeit aufgeschlossen. Die Taucheleven machen vom hauseigenen Strand gefahrlos die ersten Schritte ins nasse Element und halten vermutlich Seepferdchen für die häufigsten Fische in der Adria. Ausgebildet wird nach den Richtlinien von CMAS, PADI, VETL und DAN. Neu und sensationell ist die Ausbildungsmöglichkeit mit NITROX, TRIMIX und Rebreathern! Für TRIMIX-Taucher warten einige kaum betauchte Wracks in 80 m Tiefe. Warmwasserduschen, beheizte Umkleidekabinen sowie die

windgeschützte Lage erlegen dem Tauchsport auf Rab keine jahreszeitlichen Beschränkungen auf. Zusätzlich angeboten werden Tauchkreuzfahrten auf zwei geräumigen Motorseglern. Diese entführen einen entweder nach Norden in die Inselwelt Istriens, oder nach Süden bis hin zu den Kornaten. Geöffnet: ganzjährig (auf Anmeldung).
Adresse: Kampor 413a, HR-51280 Rab/Croatia. Tel. 00385/51/776620, Fax 00385/51/776630. E-Mail: info@kron-diving.com, Internet: www.kron-diving.com

Barbat:
Mirkos Taucher Treff. Arian und Mirko Zigo führen schon seit mittlerweile über 30 Jahren Taucher zu den schönsten Plätzen ihrer Heimat. Die familiär-gemütliche Grundstimmung der Tauchbasis überträgt sich sehr schnell und wohltuend auf die Gäste. Mit ihren beiden Tauchbooten (11 und 10 m lang) werden die interessantesten Tauchspots der Inseln Rab, Pag und Cres angefahren. Man wohnt entweder in der eigenen Taucherpension oder wird in benachbarte Unterkünfte vermittelt. 10 komplette Tauchausrüstungen stehen für den Verleih bereit, und zwei Bauer-Kompressoren sorgen für die nötige Luft. Ausbildung erfolgt nach den Richtlinien von CMAS und SSI. Ganzjährig geöffnet.
Adresse: Barbat 710, HR-51280 Rab/Croatia. Tel. & Fax 00385/51/721 154, Mobil: 00385/98/779 819, E-Mail: mirkodivingcenter@otokrab.hr, Internet: www.mirkodivingcenter.com
Infos in Österreich: Rudi Polz, Tel. 0043/7582/622 05.

Supetarska Draga:
1st International Diving Base – Riko Aqua Sport d.o.o. Mit viel Liebe führen Riko und Tanja ihre ganzjährig geöffnete kleine kroatische Tauchbasis mit Ausrüstungsverleih und Unterkunftsvermittlung in die eigenen Zimmer und Apartments. Einzel- oder Ganztagesfahrten führen einen auf dem 10 m langen Tauchboot zu den Spots der Umgebung. Ausbildung erfolgt nach den Richtlinien von SSI.
Adresse: Supetarska Draga 331, HR-51280 Rab/Croatia. Tel. und Fax 00385/51/776145, E-Mail: henrik.pljesa@kvarner.net, Internet: www.aquasport.hr

DIE KÜSTE

Die Tauchbasen entlang der Küstenlinie der Kvarner Bucht nutzen vielfach die kurze Entfernung zu den vorgelagerten Inseln und fahren natürlich teilweise dieselben Spots an wie die Basen auf den Inseln.

Insel Marin: Die steilen Abhänge des winzigen Eilands, das knapp vor Novi Vinodolski nur wenige Meter aus dem Meer ragt, verschwinden im 30-m-Bereich in weißem Sandgrund. Vor allem die unteren Abschnitte der Felswände sind dicht mit Gelben und auch schon Roten Gorgonien bewachsen. Hummer und Kraken haben hier in Spalten und Kavernen ihr Zuhause gefunden.

TAUCHBASEN

Rijeka:

Diving Center Kostrena. Wenige Kilometer von der Großstadt Rijeka entfernt befindet sich das auf „Technical Diving" spezialisierte kroatische Tauchcenter (englischsprachig). Neben der normalen Ausbildung nach den Richtlinien von SSI besteht die Möglichkeit, mit NITROX und auch mit Trimix zu tauchen. Mit zwei Schlauchbooten fährt man in Kleingruppen zu den Wracks und Steilwänden der Umgebung. Direkt vor der Basis führt eine schön bewachsene Steilwand in Stufen bis maximal 36 m Tiefe. Immer wieder sind hier Hummer, Kraken und Congeraale anzutreffen. Der Tauchbasis angeschlossen ist die kleine Pension „Delfin" (Tel. & Fax 00385/51/289 320). Ganzjährig geöffnet!
Adresse: Rozici 1, HR-51221 Kostrena/Croatia. Tel. & Fax 00385/51/213 037, E-Mail: josip.bilic1@ri.hinet.hr, Internet: www.kpa-kostrena.hr

Kraljevica:

DPA Adria. Kleine kroatische Tauchbasis 25 km östlich von Rijeka gelegen. Maximal 20 Personen können von hier aus die umliegenden Tauchgebiete per Boot erforschen. Die komplette Ausrüstung sollte bereits vorhanden sein, denn hier besteht nur die Möglichkeit zum Flaschenfüllen. Sehr preisgünstige Unterkünfte mit VP (reichliches Essen!) können vermittelt werden. Geöffnet von Mai bis Oktober.
Adresse: P.B. 54, HR-51262 Kraljevica/Croatia. Deutschsprachige Auskunft: Tel. 00385/51/281 555. Englisch: Tel. & Fax 00385/51/281 437.

Selce:

Diving Center „Mihuric". Nur 3 km von Crikvenica entfernt, einem der bedeutendsten Fremdenverkehrszentren an der ganzen Küste, befindet sich das Feriendorf Selce. Umgeben von Hotels, Ferienwohnungen und Campingplätzen liegt hier seit 1995 die ganzjährig geöffnete, sehr professionell geführte, deutsch sprechende PADI-Basis direkt am Meer. Mithilfe von drei Booten können innerhalb kurzer Zeit alle Taucher zu den umliegenden Spots gebracht werden. Und diese

Eine Languste (Palinurus elephas) verbringt den Tag gut getarnt in einer Felsnische. Nachts ernährt sie sich von Muscheln, Schnecken und Aas.

Tauchplätze haben es in sich! Von sehenswerten Wracks über beeindruckende Steilwände voller Gorgonien bis hin zu interessanten Höhlen und Grotten bietet sich einem hier eine höchst vielfältige Auswahl. Neben den leistungsfähigen Luftkompressoren kann man sich auch NITROX in die Flaschen füllen lassen! Ausrüstungsverleih und -verkauf gehört ebenso zum Programm der empfehlenswerten Tauchbasis, wie die Vermittlung in Unterkünfte verschiedenster Preiskategorien. Taucht man direkt vor der Basis ab, so kann man neben vielen Fischen und Kraken auch auf ein kleines Schiffswrack stoßen.
Adresse: P.O.Box 33, HR-51266 Selce/Croatia. Tel. & Fax 00385/51/241 851 oder Tel. 00385/51/765 462, E-Mail: mihuric@mihuric.hr, Internet: www.mihuric.hr
Infos und Buchungsmöglichkeiten in Deutschland: E-Mail: info@tauchreisen-roscher.de, Internet: www.tauchreisen-roscher.de

Sveti Juraj:
Diving Center „Vivera“. Mit unübersehbaren 3 mal 2 Metern erhebt sich das Hinweisschild der kleinen Tauchbasis vor dem Ortseingang über die Küstenstraße. Der deutsch sprechende Slowene Miro Potocnik und sein Team unternehmen mit zwei Schlauchbooten und einem Holzkutter sowohl Einzel- als auch Ganztagesausfahrten. Ausgebildet wird nach den Richtlinien von CMAS und UDI. Unterkunftsvermittlung und Ausrüstungsverleih gehören zum selbstverständlichen Service der Basis. Besonderheit: Organisation von UW-Hochzeiten. Auf Anfrage ganzjährig geöffnet.
Adresse: Eurocamp Raca, HR-53284 Sv. Juraj/Croatia. Tel. 00385/53/883 144, Fax 00385/53/883 209 oder Miro Potocnik in Lubljana/Slowenien Tel. & Fax 00386/151/81 377, E-Mail: info@vivera.si, Internet: www.vivera.si

Schönheit braucht Zeit! Um ihre maximale Größe von ca. 100 cm Durchmesser erreichen zu können, müssen mindestens 10 Jahre lang optimale Lebensbedingungen für die Rote Gorgonie (Paramuricea clavata) herrschen.

Dalmatien

Dalmatien vermag aber nicht nur mit den Kornaten Taucher aus allen Ecken der Welt heranzulocken. Die Küste sowie die zahlreichen vorgelagerten Inseln beherbergen Tauchplätze, die sich hinter denen der Kornaten wahrlich nicht zu verstecken brauchen! Manche Plätze sind auch von Land aus zu erreichen, aber auf Grund der in ganz Kroatien stark zerklüfteten Küstenlinie ist ein Tauchen vom Boot aus meist die bequemere Lösung.
Geografisch-politisch gesehen beginnt die Region Dalmatien ungefähr zwischen den Orten Starigrad und Karlobag – eine genaue Grenze lässt sich nicht ziehen. Die langgestreckte Insel Pag markiert den seeseitigen Übergang der Kvarner Bucht zu Dalmatien. Dalmatien reicht schließlich bis zur südlichsten Spitze von Kroatien, knapp 30 km südlich von Dubrovnik.

Die Insel Pag

Mit einer Ausdehnung von 63 km zählt Pag neben Cres und Hvar zu den längsten Adriainseln. Die enorme Küstenlänge von 250 km verdankt das schmale Eiland seinen zahlreichen zum Teil tief einschneidenden Buchten.
Nicht zuletzt auf Grund ihrer kargen, kahlen Landschaft konnte die Insel ihr ursprüngliches Erscheinungsbild bis ins Ende des 20. Jahrhunderts hinein bewahren. Die Schafzucht spielt eine herausragende Rolle im Wirtschaftsleben der Bewohner. Aus der Milch der Tiere wird der bekannte „Paski sir" hergestellt, ein kräftiger Hartkäse, der in Konsistenz und Farbe dem Parmesan ähnelt. Berühmt ist Pag auch für seine kunstvoll geklöppelten Spitzen, die heute meist nur mehr von älteren Frauen angefertigt werden. Über Pag führt heute die „Hauptverkehrsroute" zwischen Rijeka und Split, da das kurze Übersetzen mit der Fähre auf das Nordende von Pag mit anschließender Weiterfahrt auf großenteils geraden, gut ausgebauten Straßen der sehr kurvenreichen Küstenstraße vorzuziehen ist. Etwa 30 km nördlich von Zadar verbindet eine Brücke die Insel mit dem Festland.

Planik: Das kleine, vorgelagerte Inselchen hat ein bemerkenswertes Außenriff zu bieten. Nach anfänglich schräg abfallendem Grund verblüfft die erst im 20-m-Bereich beginnende Steilwand mit ihrer Schönheit. Unzählige Schwämme, Weichkorallen und Gorgonien vermitteln ein Bild, das man sonst nur aus den Tropen kennt. Die zum Teil überhängende und zerklüftete Felswand wird unterbrochen von zahlreichen Nischen, Grotten und auch gut betauchbaren Höhlen. Erst

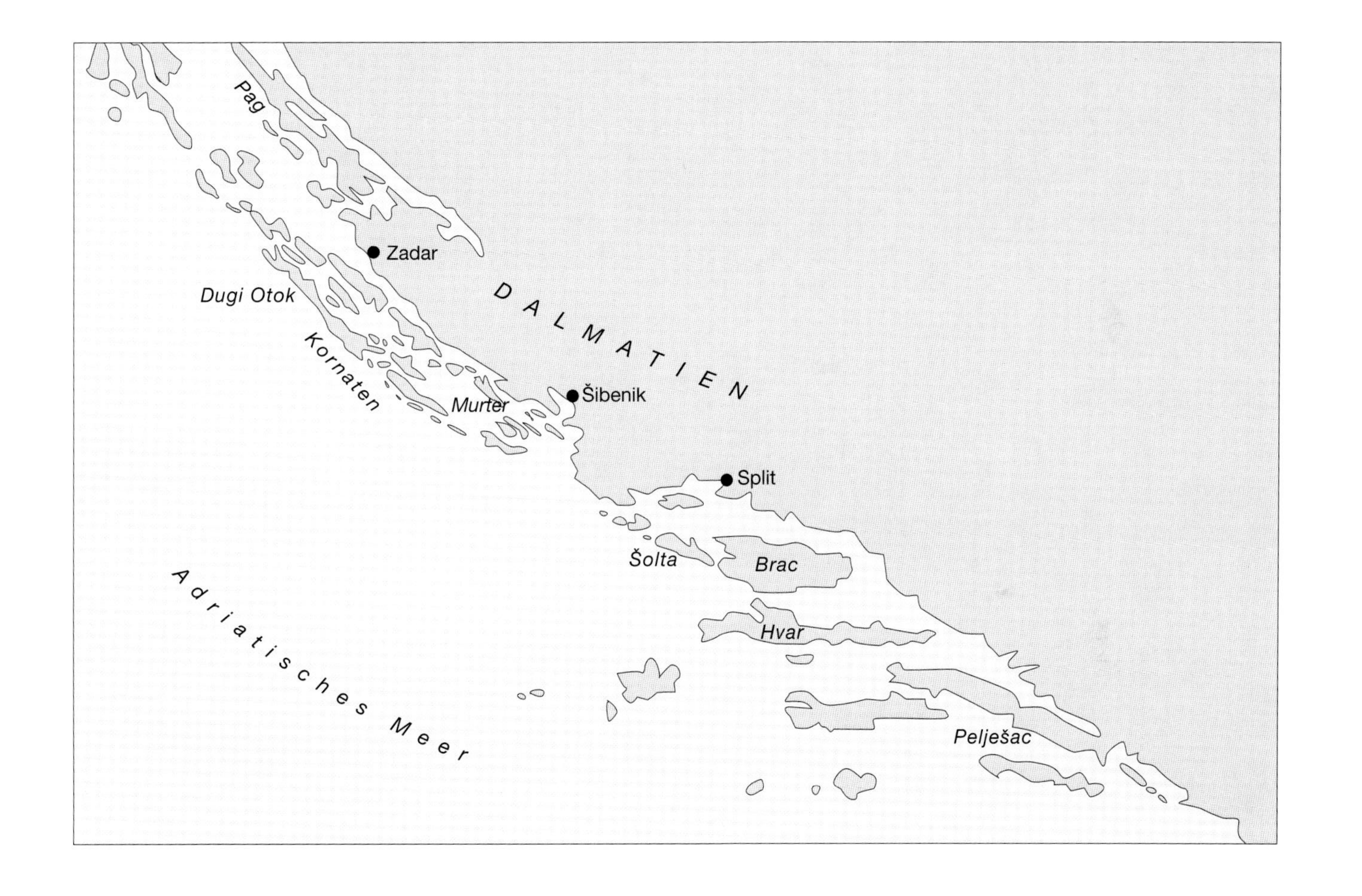
Pag
Zadar
DALMATIEN
Dugi Otok
Kornaten
Murter
Šibenik
Split
Šolta
Brac
Hvar
Pelješac
Adriatisches Meer

sehr weit unterhalb der Sporttauchgrenze geht die Senkrechte in eine annähernd ebene Sandfläche über. Hummer, Langusten, große Drachenköpfe und der ein oder andere Meeraal sind hier keine Seltenheit.

Pohlib: Ein Eiland, so groß, dass fast nur der Leuchtturm Platz findet, der den großen Fähren, die von Rijeka nach Zadar unterwegs sind, die Untiefen des Pohlipski-Kanals anzeigt. Uns Taucher markiert er einen weiteren Tauchplatz der Extraklasse.
Über eine rhythmisch in der Strömung sich wiegende Seegraswiese taucht man ab in eine Tiefe von ca. 17 Meter. Dort fällt abrupt eine Steilwand bis auf 45 m ab. Alte Fischernetze sind Zeugen dieses Hindernisses und bieten so manchem Lebewesen neuen Siedlungsraum. Mehrere Grotten und Gänge gibt es in dem porösen Gestein zu erkunden. Die größte davon wird vom kapitalen Hummer „Hugo" mit zwei Furcht erregenden Scheren verteidigt. Überwindet man diesen gepanzerten Wächter, so erwartet einen ein fantastischer Anblick. Die Höhlendecke erstrahlt im Schein der Lampe in einer faszinierenden Farbenpracht. Dicht an dicht drängen sich die weit geöffneten Kelche der oranggelben Krustenanemonen zwischen den rosavioletten Schwämmen, hellen Seescheiden und tiefroten Moostierchenkolonien. Aus dem schlammigen Boden erheben sich großgewachsene, weiße Zylinderrosen.
Beim langsamen Auftauchen sollte man die Zeit nutzen und in den Seegraswiesen nach Seepferdchen Ausschau halten – vielleicht wird die Mühe belohnt ...

Sternhöhlen: Etwas weiter von Pag entfernt wartet ein Leckerbissen für den Grotten- und Höhlentaucher. Inmitten einer herrlichen Sandbucht bricht der Grund plötzlich von 10 auf 15 m Tiefe ab. Hier befindet sich der Ausgangspunkt eines Höhlensystems, das sich in drei Richtungen sternförmig verzweigt. Zwei Gänge davon sind einfach zu betauchen, wenn man dem schlammigen Bodengrund durch entsprechende Tarierung Rechnung trägt. Stalaktiten sind Zeugen einer Zeit, als der Meeresspiegel noch um einiges tiefer lag. Der dritte Höhlengang ist nur für entsprechend ausgebildete und ausgerüstete Taucher zu empfehlen. Weit zieht sich das verzweigte System in den „Berg" hinein. Führungsleinen sind ein äußerst ratsames Utensil.

Insel Maun: Das vorgelagerte Eiland weist eine Reihe interessanter Tauchplätze auf. Nicht nur die vielgetauchten Profis kommen hier auf ihre Rechnung, sondern auch die interessierten Anfänger. Dicht nebeneinander hat man hier die Wahl zwischen gemächlich abfallendem Grund und abrupt vom Flachwasser bis in der Tiefe verschwindenden Steilwänden. Die schräg abfallenden Flächen sind aber keineswegs langweilig zu betauchen; immer wieder werden sie unterbrochen von kleinen Felsstufen. Gerade hier konzentriert sich vielfältiges marines Leben. Auf Grund der exponierten Lage haben sich speziell Planktonfänger angesiedelt. Haarsterne, Gorgonien und Röhrenwürmer geben sich hier ein Stelldichein. Aus den zahlreichen Nischen am Fuße der Stufen ragen die Scheren der „Scampi" heraus, und auch der ein oder andere größere Verwandte – der Hummer – hat hier sein Zuhause.

Triget: Der Triget-Felsen, wegen seines Aussehens auch Kaulquappenfelsen genannt, ragt nur etwa 100 m vom Ufer entfernt aus dem Wasser. Man ankert gewöhnlich auf der flachen Seite, wo auch Schutz vor leichter Bora gewährleistet ist. Von hier aus ist es möglich, ganz um den Felsen herumzutauchen. Der Grund fällt terrassenförmig auf 40 m Tiefe ab. Außergewöhnlich ist schon in geringen Tiefen ab 10 m ein üppiger Bewuchs mit Krustenanemonen, Steinkorallen und Gelben Gorgonien. In 35 m Wassertiefe taucht am Fuße einer zerklüfteten, überhängenden Steilwand der dunkle Eingang einer kleinen Grotte auf. Ein besonders großer Congeraal ist fast ständig hier anzutreffen. Auch Heringskönigen und Seeteufeln kann man vor dem Höhleneingang immer wieder begegnen. Katzenhaie legen regelmäßig ihre Eier an den Gorgonien und Schwämmen ab; sie selbst bekommt man allerdings nur höchst selten zu Gesicht.
Beim Austauchen auf der flachen Seite des Felsens lassen sich oft Kraken beobachten.

Wrack der Rosa: Bei der *Rosa* handelt es sich um einen hölzernen Frachter aus der Zeit der Weltkriege. Im Jahre 1943 befand sich das Schiff mit einer Ladung Salz von den Pager Salinen auf dem Weg nach Norden, als es von einer extrem starken Bora-Bö an die steile Westküste Pags gedrückt wurde und sank.
Das etwa 40 m lange und 10 m breite Wrack liegt heute mit seinen Aufbauten in 25 m Tiefe. Das Heck mit der gut erhaltenen Schiffsschraube reicht bis auf 50 m Wassertiefe hinunter. Ein besonderes Erlebnis ist das Abtauchen im „freien Fall" noch in Sichtweite der Riffkante. Meist sieht man schon nach wenigen Metern im tiefblauen Wasser dunkel die Umrisse des Wracks auftauchen. Da die hölzernen Bordwände vermodert sind, geben die übrig gebliebenen Spanten dem ehemaligen Schiff ein gespenstisches Aussehen. Das Hineintauchen in den Lade- und Motorraum ist möglich, aber nicht unbedingt zu empfehlen, da man leicht hängen bleiben kann. Ständige Bewohner sind ein großer, einzelner Sägebarsch und mehrere Drachenköpfe; Bewuchs ist nur ansatzweise vorhanden.
Abgesehen von der großen Tiefe ist das Wrack problemlos zu betauchen. Es liegt nur 30 m von einem schönen Riff entfernt, wunderbar geeignet zum Austauchen, oder auch als unabhängiger Tauchgang zu empfehlen.

Deep Blue: Dieser Tauchplatz erhielt seinen Namen durch das tiefblaue Wasser vor der dunklen, steil abfallenden Wand. Am schönsten ist ein Tauchgang am Morgen, wenn die schrägen Sonnenstrahlen die Wasseroberfläche gerade durchbrechen ...

Die reichlich mit Schwämmen und Gelben Gorgonien bewachsene Steilwand geht in 40 m Tiefe in Sandgrund über. Folgt man von dort der Wand rechts entlang, so steigt der Bodengrund stetig an. In 15 m Tiefe gelangt man zum Eingang einer Höhle. Diese ist völlig gefahrlos zu betauchen, da die große Eingangsöffnung ständig sichtbar bleibt. Das hintere Ende beherrscht ein kapitaler Conger neben einer Familie von Meerraben. Die Höhle verengt sich kaminartig nach oben; das Auftauchen ist möglich, aber nicht zu empfehlen, da sich die Sicht auf Grund austretenden Süßwassers zunehmend verschlechtert. Auch ist der Hohlraum über der Wasseroberfläche nur sehr klein; der Atemregler sollte nicht herausgenommen werden.
Nach dem Verlassen der Höhle erreicht man leicht den Ankerplatz auf einem Vorsprung direkt vor der Wand.

TAUCHBASEN

Stara Novalja:

Lagona Divers – Pag. Mirko „Jack“ Below und Christian Brückl betreiben diese gemütliche und sehr persönlich geführte Tauchbasis für die gesamte Familie in der Taucherpension „Mama“. Mehrere Ausfahrten täglich mit insgesamt 4 schnellen Booten für 4 bis 12 Taucher starten vom eigenen Bootsanleger. Getaucht wird in Kleingruppen mit individueller Betreuung. Ausbildung erfolgt vom Kindertauchen bis hin zum Tauchlehrer nach CMAS und PADI. Nur wenige Minuten entfernt liegen die Steilwände der taucherisch sehr interessanten Ostküste von Pag, die einen auf einer Länge von mehreren Kilometern bis deutlich unterhalb der Sporttauchgrenze führen. Unterkünfte fast aller Preisklassen werden vermittelt. Die Basis ist geöffnet von Ostern bis Ende Oktober oder auf Anfrage.
Adresse: Lagona Divers - Pag, Livic 85, HR-53291 Stara Novalja, Otok Pag/ Croatia. Tel. 00385/53/651328, Fax 00385/53/651702, E-Mail: info@Lagona-Divers.com
Infos in Deutschland: Lagona Divers, Marktstraße 5, D-93098 Mintraching. Tel. 09406/28310, Fax 283113, E-Mail: info@Lagona-Divers.com., Internet: www. Lagona-Divers.com

Šimuni:

Šimuni Diving. Direkt an der Mole des kleinen Fischerhafens von Šimuni, an der Südküste von Pag, liegt die unter österreichischer Leitung stehende Tauchbasis. Es werden mit dem zum Tauchboot umgerüsteten Fischkutter *Valentino* sowohl einfache Ausfahrten als auch Tagessafaris zu den umliegenden Tauchspots angeboten. Bei den Safaris wird mittags in einer einsamen Bucht zum gemeinsamen

Typische Küstenformation in Dalmatien.

Grillen am offenen Feuer Halt gemacht. Tauchausbildungen finden auf Anfrage nach den Richtlinien von ÖBV und CMAS statt. Ausreichend Leihequipment und Flaschen sind vorhanden. Unterkunftsvermittlung in benachbarte Pensionen, Apartments oder den romantischen Campingplatz von Šimuni wird betrieben. Shuttledienste zur Tauchbasis können vereinbart werden. Geöffnet: von Anfang Juni bis Ende September (Juli – August ist die Basis ständig besetzt, sonst nach telefonischer Absprache).
Adresse: Šimuni, HR-53291 Pag/Croatia. Tel. 00385/91/569 92 38, E-Mail: pag@tauchen-kroatien.com, Internet: www.tauchen-kroatien.com
Infos in Österreich: Bernhard & Hannelore Gruber, A-5752 Viehhofen 89, Tel. 0043/6542/68 567, Fax 0043/6542/68 966, Mobil: 0043/664/445 8093.

Die Insel Ist

Erholung pur wird auf dem autofreien Inselchen Ist garantiert. Praktisch am Eingang der Kornaten gelegen, bietet es eine Fülle noch unberührter Tauchgründe. Amphorenreste in geringen Tiefen können ebenso bestaunt werden wie Prachtexemplare von Langusten, Muränen oder Gorgonien an nicht enden wollenden Steilwänden. Ob anspruchsvolles Strömungstauchen oder Anfängerausbildung in flachen Buchten – auf Ist findet jeder das Passende.

Die Insel Dugi Otok

Knapp 44 km lang und stellenweise nur 1,5 km breit ist Dugi Otok, auf Deutsch die „lange Insel". Sie erstreckt sich auf der Höhe von Zadar als die äußerste Insel parallel zur dalmatinischen Küste. Die südöstlichste Bucht von Dugi Otok gehört bereits zum Nationalpark der Kornaten, dessen karge Eilande sich knapp hinter der Bucht aus dem unwahrscheinlichen Blau des Meeres erheben. Hier im Süden findet man auch die steilsten Felsküsten der Insel, die sich senkrecht bis hundert Meter über das Meer erheben. Die Ostküste der Insel ist verhältnismäßig flach. Süßwasser sucht man auf der ganzen Insel vergeblich. Dugi Otok besitzt weder Quellen noch oberirdische Wasserläufe; jedoch füllen sich im Winter einige Karstfelder mit Regenwasser. Für Kiefern- und Pinienwälder, Macchia, Weinreben und Oliven reicht die Bodenfeuchtigkeit gerade aus.
Der Tourismus konzentriert sich auf die drei Orte Božava, Sali und Luka.

Außenriff: Die schönsten Tauchgründe befinden sich an der dem offenem Meer zugewandten Seite Dugi Otoks. Hier gibt es bis auf 50 m Tiefe abfallende, zer-

An manchen Tauchplätzen fühlt man sich wahrhaftig in ein tropisches Meer versetzt!

klüftete Steilwände mit kleinen, meist nicht betauchbaren Höhlen und Grotten. Hier findet sich so ziemlich die gesamte auf Hartböden lebende Fauna und Flora der Adria. Die Wände sind bunt mit Gorgonien, Schwämmen, Anemonen und anderen festsitzenden Tieren und Pflanzen übersät. Besonders im Bereich unterhalb der Brandungszone halten sich immer große Schwärme von Mönchsfischen und verschiedenen Brassenarten auf. Mit etwas Glück sichtet man auch Muränen, Congeraale und manchmal sogar Thunfische.

Wegen der großen Entfernung (ca. 15 Meilen) und den wechselnden Wetterbedingungen kann das „Außenriff" allerdings nicht täglich angefahren werden.

Inseln: Die Tauchplätze an den nahe gelegenen Inseln haben aber auch viele Sehenswürdigkeiten zu bieten. Im Allgemeinen gliedert sich hier die Unterwasserformation folgenderweise: Der 5–10-m-Bereich ist felsig und mit kleinen Höhlen durchsetzt. Unterhalb schließt meist eine Seegraswiese oder Sandboden an. Manchmal schon bei 12, teilweise auch erst bei 30 m Wassertiefe wird der flache Grund von Felsabbrüchen und Steilwänden unterbrochen.

Als Highlights seien noch eine Felswand voller Roter Gorgonien ab 35 m Tiefe sowie eine Kolonie Roter Bandfische *(Cepola macrophthalma)* in 25 m Tiefe erwähnt. Die sonst erst viel tiefer vorkommenden Bandfische erinnern an ein Feld tropischer Röhrenaale!

TAUCHBASEN

Božava:

Tauchbasis Božava. Am Nordostende von Dugi Otok befindet sich das nur 140 Einwohner zählende Fischerdorf Božava. Direkt am Wasser liegt die Tauchbasis von Ludger Brüggenthies, der hier nach den Richtlinien von CMAS, IDA und ÖBV/CEDIP ausbildet. Zwei leistungsstarke Kompressoren sowie ein reich sortiertes Ausrüstungssortiment lassen auch bei größeren Gruppen keine Engpässe auftreten. Je nach Andrang werden die nahen Tauchgründe entweder mit kleinen Schnellbooten oder mit gecharterten Kuttern angesteuert. Nachttauchgänge vom Boot aus sind ebenso möglich wie Tagesfahrten zum „Außenriff" der Insel. Die Unterbringung erfolgt im angeschlossenen Hotel oder in einer der zahlreichen Privatunterkünfte. Geöffnet von Anfang Mai bis Ende September.
Adresse: Hotel Božava, Dugi Otok, HR-23286 Božava/Croatia. Telefon 00385/23/291816 (Hotelrezeption verbindet) oder Mobil: 00385/989/286 285, Fax 00385/23/377 682, E-Mail: tauchen@bozava.de, Internet: www.bozava.de

Sali:

Let's go to Sali. Bereits seit 1985 führt Lothar Weiß an der SO-Spitze der Insel Dugi Otok, nur wenige Minuten vom Nationalpark der Kornaten entfernt, seine gemütliche Tauchbasis direkt am Meer. Kristallklares Wasser und endlose Steilwände sind somit garantiert! Ein Kutter und zwei Schnellboote stehen für mehrere Ausfahrten täglich bereit. Ausgebildet wird nach den Richtlinien von VDTL/CEDIP, Barakuda, IDA und VDST/CMAS. Eine nagelneue NITROX-Füllanlage ist seit kurzem in Betrieb. Ausrüstungsverleih und -verkauf (Poseidon Produkte) sind ebenso im Programm wie Kindertauchen und Kinderbetreuung. Unterkunftsmöglichkeit besteht im angeschlossenen 3-Sterne-Hotel „Sali" (Ferienwohnungen können auch vermittelt werden). Geöffnet von Ostern bis Oktober. *Adresse:* Tauch- und Wassersportcenter Hotel Sali. Tel. & Fax 00385/23/377 128, Mobil: 0173/874 3004, E-Mail: info@dive-kroatien.de, Internet: www.dive-kroatien.de

Die Küste südlich von Zadar

Kamenar: Einer der absoluten Top-Tauchplätze in der Gegend von Biograd! Aus einer Tiefe von 60 Meter erhebt sich eine Felsnadel knapp bis unter die Oberfläche. Sitzt man in 4 m Wassertiefe auf ihrer Spitze, hat man die Wahl zwischen 4 gigantischen Steilwänden. Welche einem davon persönlich am besten gefällt, ist reine Ansichtssache – Tatsache ist, dass speziell die Ostseite einige überhängende Abschnitte aufweist und auch mit mehreren kleinen Höhlen durchzogen ist. Die wuchernden Gorgonien wachsen auf Grund der exponierten Lage zu beeindruckender Größe heran und lassen vorbeitreibenden Planktonlebewesen fast keine Chance, ungeschoren davonzukommen. In den Höhlen und Spalten tief unten warten Langusten und Katzenhaie den Einbruch der Dunkelheit ab, um ihrer nachtaktiven Lebensweise gerecht zu werden.

Sandela: Ein erstklassiger Platz, sowohl für Anfänger als auch für Profis. Von einer Felsspitze, die sich nur einen knappen Meter über die Meeresoberfläche erhebt, geht es steil hinab zu einem Plateau im 10-m-Bereich. Hier hat man nun die Wahl, ob man weiterhin im flachen Wasser den Kraken und den zahlreich hier vorkommenden winzigen Nacktschnecken zusehen soll oder dem verheißungsvollen Drop-off bis weit unter die 40-m-Marke folgt. Entscheidet man sich für die Tiefe, wird der erhöhte Stickstoffgehalt möglicherweise mit Katzenhai, Hummer und Languste entschädigt. Beim Auftauchen muss man sich in der Regel durch Schwärme von Mönchsfischen nach oben „kämpfen".

Kosara: Ein schwerer Sturm ließ schon vor einigen Jahren den alten Leuchtturm von den Klippen stürzen. Heute findet man seine Überreste in 10, 15 und 20 m Tiefe. Einige hängen gebliebene Fischernetze schaffen eine verzauberte Atmo-

Zu fast allen größeren Inseln bestehen gute Fährverbindungen. Überfahrt von der Insel Pag zurück zum Festland.

Die Südküste von Pag erinnert in ihrer Kargheit an die Inselwelt der Kornaten.

Der Kleine Rote Drachenkopf (Scorpaena notata) ist an dem schwarzen Fleck in der Rückenflosse sowie den fehlenden Hautlappen am Kinn von ähnlichen Drachenkopf-Arten leicht zu unterscheiden (oben). Der Bunte Springkrebs (Galathea strigosa) hat vermutlich im Kampf seine linke Schere verloren. Nach der nächsten Häutung wächst ihm jedoch eine neue.

sphäre, fordern jedoch zur Vorsicht auf. Bei den Wrackteilen hat sich inzwischen vielfältiges Leben eingestellt. Zwischen 25 und 40 m Tiefe kann man in so manchen kleinen Höhlen fast immer Krakenmütter antreffen, die ihre Gelege streng bewachen. An Felsvorsprüngen und Gorgonien hängen oft die Eikapseln von Katzenhaien.

Borans Wrack: Im Jahre 1945 von einer Bombe zerstörte (wahrscheinlich) deutsche Kriegsfähre. Zwischen 7 und 25 m Tiefe zeugen heute die weit verstreuten Wrackteile von der damaligen Katastrophe. Das muntere Treiben der reichhaltigen Fischwelt lässt jedoch keine Gedanken an Krieg und Tod aufkommen. Nicht weit davon entfernt befindet sich ein wunderschön bewachsener Haikäfig in 12 m Tiefe, der auf Grund der starken Strömung mit reichhaltigem Leben überzogen ist. Riesige Exemplare der Großen Steckmuschel lassen sich zwischen Wrack und Haikäfig bestaunen – leider sind sie andernorts durch übermäßiges Sammeln bereits selten geworden.

Dinarci: Mitten im Meer erhebt sich eine kleine Untiefe bis knapp unter die Wasseroberfläche. Von der Kante in nur einem Meter Tiefe fällt die Felswand senkrecht ab, um in 42 Meter in einen schrägen Hang auszulaufen. Immer wieder wird die Wand von kleinen Höhlen und Spalten durchzogen, in denen nicht selten Langusten, Kraken und Muränen hausen. Ja, auch die in der Adria selten gewordenen Muränen kann man hier antreffen! Dass dieser Tauchplatz sehr fischreich ist, wissen natürlich auch die einheimischen Fischer. Immer wieder bringen sie daher Netze aus, und man muss beim Tauchen gehörig aufpassen, um das feine Nylongewebe nicht zu übersehen!

TAUCHBASEN

Biograd:

Dolphin Divers. Im beliebten Ferienort Biograd bietet die neu übernommene, gemütliche PADI-Basis seit Anfang 2003 auch NITROX- und Rebreather-Kurse an! Verleih und Verkauf hochwertiger Markenartikel, Vermittlung von Privatzimmern und Apartments. Mit einem Schnellboot und zwei Holzkuttern werden die 25 interessantesten Tauchplätze der Gegend angesteuert – der Nationalpark der Kornaten befindet sich direkt vor der Haustüre. Einer der wenigen Ansprechpartner in ganz Kroatien für behindertengerechte Tauchausbildung (auf Anfrage)! Geöffnet von Ostern bis Ende November, bei Gruppenbuchungen auch länger.
Adresse: Obala Br.1, HR-23210 Biograd/Croatia. Tel. & Fax 00385/23/384 841, E-Mail: info@dolphin-divers.de, Internet: www.dolphin-divers.de
Infos in Deutschland: Andreas Kutsch, Von-Galen-Str. 11, 36037 Fulda, Tel. 0661/61 8 79, Fax: 0661/96 26 613, Mobil: 0172/67 49 960.

Die Kornaten

„Als die Götter ihr Werk krönen wollten, schufen sie am letzten Tag aus Tränen, Sternen und dem Hauch des Meeres die Kornaten“, schreibt George Bernhard Shaw über den ca. 150 Inseln und Inselchen umfassenden Archipel zwischen Dugi Otok und Šibenik. Von der wahren Schönheit der kargen und dürftig bewachsenen mitteldalmatinischen Inselgruppe konnte Shaw freilich nichts wissen – sie liegt nämlich verborgen unter der Wasseroberfläche.
In Taucherkreisen gelten die Kornaten noch immer als Geheimtip. Die noch sehr sauberen Gewässer locken ebenso wie die extrem zerklüfteten Küsten, die sich unter Wasser in tiefen Einschnitten, Grotten und Höhlen fortsetzen. Besonders die seeseitig steil abfallenden Felsklippen sind bis in große Tiefen reichlich bewachsen. Felswände, die sich von der Wasseroberfläche senkrecht bis in eine Tiefe von 90 m erstrecken, sind hier keine Seltenheit. Rote Gorgonien mit einem laut Lehrbuch nicht möglichen Durchmesser von 1,5 m überziehen die Felsriffe und vermögen einen auch ohne Tiefenrausch gedanklich in die Tropen zu versetzen. Hummer und Langusten, die keine Angst davor zu haben brauchen, jeden Moment im nächsten Kochtopf zu verschwinden, bevölkern die zahlreichen Spalten und Kavernen. Sogar um den Fischbestand ist es hier deutlich besser bestellt als in der übrigen Adria.
Im Jahre 1980 wurde das 300 km^2 große Gebiet – wovon die Landfläche nur 70 km^2 ausmacht – zum Nationalpark erklärt.
Einige Tauchbasen der Umgebung bieten Tagesausfahrten zum „Nationalpark Kornati“ an. Aber auch aus den nördlicheren Teilen Kroatiens werden die Kornaten angesteuert – hier vornehmlich mittels Kreuzfahrtschiffen.

Die Insel Murter

Nur durch eine 12 m lange Drehbrücke ist die 18 km^2 kleine Insel mit dem Festland, etwa 20 km nördlich von Šibenik, verbunden. Das Eiland der Fischer, Olivenzüchter und Schiffbauer kann zwar nicht mit klassischen Sehenswürdigkeiten aufwarten, zieht jedoch auf Grund seiner schönen Sandstrände und guten Freizeitmöglichkeiten nicht nur Badewütige an. In den vier Ortschaften der Insel haben etwa 5000 Personen ihren ständigen Wohnsitz.
Die Tauchplätze, die von Murter aus angefahren werden, stimmen zum Großteil mit denen der Tauchbasen an der Küste überein, bzw. unterscheiden sich nicht wesentlich davon (mit Ausnahme von Nautilus Diving). Die vielen vorgelagerten Inseln und Felszacken sowie die kurze Entfernung zu den Kornaten bieten eine reiche Palette von Möglichkeiten.

Prachtexemplar eines Europäischen Hummers (Homarus gammarus). Den kräftigen Scheren sollte man nicht zu nahe kommen (oben).
Die Languste (Palinurus elephas) ist ebenso wie der Hummer nachtaktiv und ernährt sich auch von Muscheln, Schnecken und Aas.

Die Schönheit des Gestreiften Knurrhahnes (Trigloporus lastoviza) wird erst auffällig, wenn er auf der Flucht seine prächtig gefärbten Brustflossen ausbreitet (oben).
Den Gemeinen Tintenfisch (Sepia officinalis) findet man häufig auf Sandböden oder in Seegraswiesen. Deutlich sieht man hier die zwei drohend erhobenen langen Fangarme.

TAUCHBASEN

Betina:
Nautilus Diving Center. Diese Basis bietet Sporttauchern in Zusammenarbeit mit der deutschen Tauchschule „Die Tauchbasis“ aus Koblenz die einzigartige Gelegenheit zu unterwasserarchäologischen Arbeiten. Unter der Anleitung von kroatischen Wissenschaftlern werden geschichtsträchtige Wracks untersucht, vermessen und das teilweise wertvolle Ladegut geborgen. Ein ferngesteuerter Unterwasserroboter mit Videokamera sowie ein Einmann-U-Boot werden ebenso eingesetzt wie Sonar, Metalldetektoren, Air- und Wasserlifte. Aus organisatorischen Gründen kann dabei natürlich nur in Gruppen und an bestimmten Terminen getaucht werden. Man kann hier sogar das U-Bootfahren selbst erlernen (mit Führerschein)! Selbstverständlich kann man hier auch einen „normalen“ Tauchurlaub verbringen. Direkt in der großzügig gestalteten Tauchbasis stehen 50 Apartmentbetten zur Verfügung, weitere können vermittelt werden. Mit zwei großen Tauchschiffen und einem weiteren Schnellboot werden auf Halbtages- oder Tagesfahrten die Tauchplätze der umliegenden Inseln bis hin zu den Kornaten angesteuert. Ausbildung erfolgt nach den Richtlinien von SSI und CMAS. ANDI – NITROX rundet das umfangreiche Angebot ab. Geöffnet von Ostern bis Anfang November.
Adresse: Branimirova 19, HR-22244 Betina/Murter/Croatia. Tel. 00385/22/435547.
Infos in Deutschland: „Die Tauchbasis“, Tel. 0261/805099, Fax 0261/804067, E-Mail: info@die-tauchbasis.de, Internet: www.die-tauchbasis.de

Murter: *Aquanaut.* Im Hauptort der gleichnamigen Insel Murter, im Stadtteil Luke, befindet sich in Hafennähe diese kleine kroatische Tauchbasis und Füllstation. PADI- und CMAS-Kurse können organisiert werden. Maximal 12 Taucher unternehmen auf dem basiseigenen Kutter Ganztagestrips. Flaschen und Blei können in geringer Zahl ausgeliehen werden. Während der Sommermonate werden auch 1-wöchige Tauchkreuzfahrten in die Kornaten organisiert! Geöffnet: ganzjährig (auf Anfrage).
Adresse: Aquanaut, J. Dalmatinca 1, HR-22243 Murter/Croatia. Tel. & Fax 00385/22/434988, Tel. 00385/22/434575, E-Mail: Aquanautj@hi.hinet.hr, Internet: www.aquanaut-najada.com

Levrnaka: *Dive Camp Kornati.* Die einzige und empfehlenswerte Möglichkeit direkt auf einer Kornateninsel (Levrnaka) zu wohnen und tauchen! Maximal 11 Gäste können in wind- und wetterfesten, komfortablen Zelten mit angeschlossenem Restaurant in nahezu privater Atmosphäre ihren Tauchurlaub genießen. Auf 2 Tauchbooten geht es 2-mal am Tag hinaus zu den bekannten und unbekannten Spots des Nationalparks.
Infos: Tel. (D) 089/87788761, E-Mail: info@KornatiDiveCamp.de, Internet: www.KornatiDiveCamp.de

Die Küste um Šibenik

Kaprije: Die wenige Seemeilen vor Vodice liegende Insel verspricht sowohl für Anfänger als auch für Fortgeschrittene erlebnisreiche Tauchgänge. Der terrassenförmig abfallende Grund wird immer wieder von mehr oder weniger niedrigen Steilwänden unterbrochen. Im 20-m-Bereich gibt es einige schön mit Krustenanemonen und Schwämmen bewachsene Grotten zu untersuchen. Von etwa 25 bis 40 m Wassertiefe geht schließlich der Bodengrund in eine steile Felswand über. Durch die hier immer herrschende leichte Strömung ist der Standort ideal für Gorgonien. Die gelben und roten Hornkorallen wetteifern um den besten Platz, das Plankton aus dem Wasser zu fangen. In den Spalten und Kavernen am unteren Ende der Wand trifft man in der Regel immer Hummer an.

Wrack: Aus der Zeit des 2. Weltkrieges stammt ein über 40 m langes Transportschiff, das in der Umgebung von Vodice seine letzte Ruhestätte gefunden hat. Leider nur für fortgeschrittene Taucher erreichbar, liegt es aufrecht in einer Tiefe von 55 Meter. Das Deck befindet sich im 40-m-Bereich, der Mast reicht als Wegweiser herauf bis auf 28 m Wassertiefe. Noch gut erhalten, ist das Wrack längst in einen dicken Mantel aus tierischem und pflanzlichem Bewuchs, aber natürlich auch in eine Sedimentschicht eingehüllt. Die nicht gefahrlos zu betauchenden Laderäume sind noch voll mit Granaten – Vorsicht, nichts berühren!

Wand: Der schlicht als „Wand“ bezeichnete Tauchplatz hat einen passenden Namen und liegt inmitten des Nationalparks der Kornaten. Das hoch aus dem Wasser ragende Kliff der schroffen Felsen setzt sich auch unter der Wasseroberfläche senkrecht bis in etwa 90 m Tiefe fort! Bis zum 30-m-Bereich herrschen Gelbe Gorgonien als größte Aufwuchsorganismen vor. Knapp darüber stehen schon vereinzelt kleinere Exemplare der Roten Gorgonien. Ab einer Wassertiefe von etwa 40 m erreichen diese roten Hornkorallen wahrlich gigantische Ausmaße. Exemplare von 1,5 m Durchmesser entstammen nicht dem weit verbreiteten Taucherlatein. Schwebt man an der Wand entlang, die teilweise canyonartige Einbuchtungen aufweist, glaubt man sich tatsächlich ins Rote Meer versetzt – ein Pflichttauchgang, hält man sich in der Nähe von Vodice auf!

Sokol: Einer der schönsten Plätze der Gegend! Weit draußen im Meer erhebt sich einsam ein winziges Inselchen aus kahlem Fels. Bis 40 m Tiefe fällt eine teils überhängende Steilwand ab. Canyonartige Felsstrukturen sind dicht mit bemerkenswert großen Exemplaren der Gelben Gorgonie bewachsen. Begegnungen mit Langusten, Drachenköpfen und Meeraalen stehen hier fast an der Tagesordnung. In den kleinen Grotten und Spalten am unteren Ende der Wand wurden auch schon dösende Katzenhaie beobachtet; meist bekommt man jedoch nur ihre taschenförmigen Geschlechtsprodukte, die an Gorgonien oder Geweihschwämmen hängenden Eier zu Gesicht. Auch wenn man noch so fasziniert ist von der farbenprächtigen Felswand, sollte man doch hin und wieder einen Blick ins Freiwasser riskieren – Sichtungen von Adlerrochen sind hier nicht selten!

Zementwrack: Nicht weit entfernt von Brodarica befindet sich in einer flachen Bucht das Wrack eines alten Zementfrachters. Schon vor Jahren führte eine gewaltige Staubexplosion zum Untergang des Schiffes. Heute hat sich der feine Zementstaub längst abgesetzt und erhärtet. Einige verbackene Zementsäcke lassen sich nur mehr schwer als solche erkennen. Schon längst haben sich zahlreiche Aufwuchsorganismen daran festgesetzt. Die tiefste Stelle dieses „familientauglichen“ Wracks befindet sich in 13 m Wassertiefe; es reicht herauf bis wenige Meter unter die Oberfläche. Der aufgerissene Bug gibt den Blick frei auf verbogene Stahlteile und so manch neuen Wrackbewohner. Bei Nacht erstrahlt dieser Schrotthaufen im Schein der Lampe in den schönsten Farben. Neben orangen und roten, krustenförmigen Schwämmen leuchten die massenhaft wuchernden gelben Krustenanemonen zwischen den rostbraunen Flecken des Schiffes hervor. Jetzt ist auch die Zeit der Krustentiere! Eine ganze Bärenkrebsfamilie bewohnt neben unzähligen Krabben, Garnelen und Furchenkrebsen den neu gewonnenen Lebensraum.

Oblik: Das kleine vorgelagerte Inselchen Brodarica setzt sich unter der Wasseroberfläche ebenso schroff und zerklüftet fort. Immer wieder wird der schräg abfallende Grund von steilen Felswänden unterbrochen. Im 30-Meter-Bereich verschwindet der Fels in fast ebenem Sandgrund. Dass hier häufig mit leichter Strömung zu rechnen ist, kann man am Vorkommen der Weißen und Gelben Gorgonien sowie an den zahlreichen Haarsternen unschwer erkennen. Auch die Katzenhaie wissen von dieser Tatsache und legen ihre Eier an den strömungsexponierten Stellen ab. Mit etwas Glück trifft man sogar einen erwachsenen Hai schlafend unter einem Felsvorsprung an.

Kiklop: Nahe der Insel Zlarin geriet ein hölzernes Frachtschiff in Brand und sank. Heute liegt das 35 m lange Wrack in knapp 30 m Tiefe am Fuße eines stufenförmig abfallenden Felsriffes. Die vom Feuer halb zerfressenen Spanten ragen gespenstisch in die Höhe und geben ein gutes Fotomotiv ab. Am frei liegenden Motorblock haben sich unzählige Röhrenwürmer, Schwämme und Kalkrotalgen angesiedelt. In dem seeseitigen Spalt zwischen Wrack und Bodengrund bekommt man gelegentlich den hier hausenden Hummer zu Gesicht.
Taucht man, das Riff zur Linken, weg vom Wrack, gelangt man bald zu einer steilen, reichlich bewachsenen Felswand. Aus den kleinen Kavernen zwischen den Gorgonien ragen immer wieder die langen Antennen von Langusten hervor. Bemerkenswert ist hier auch das Vorkommen von groß gewachsenen orangen Geweihschwämmen. Untersucht man sie näher, so findet man mit Sicherheit die nicht allzu häufigen Weißgepunkteten Warzenschnecken *(Phyllidia pulitzeri).*

Diese prächtig gefärbten Weichtiere ernähren sich ausschließlich von dem Schwamm, auf dem sie leben.
Speziell von Trogir aus bieten sich unzählige Tauchplätze an den vorgelagerten Inseln und Inselchen bis hin zu Šolta an. Diese Gegend besticht vor allem durch ihre zahlreichen Steilwände, die – ähnlich der Kornaten – mit herrlichen Gorgonienwäldern bewachsen sind. Begegnungen mit Roten Gorgonien, Hummern, Langusten, Muränen und sogar Katzenhaien stehen hier nahezu an der Tagesordnung, während sie andernorts als Sensation betrachtet werden müssen.

Rote Wand: Die 3 Kilometer lange Steilwand!!! ist bis in 35 m Tiefe reich mit Gelben Gorgonien, Schwämmen, Krustenanemonen, Moostierchenkolonien, Seescheiden und Algen bewachsen. Kraken, Langusten, Hummer und Congeraale bewohnen die unzähligen Löcher und Spalten im Felsen. Eier von Katzenhaien kleben in großer Zahl an Schwämmen, Felsvorsprüngen und Gorgonien.
Dieser Platz ist auch ideal für Nachttauchgänge geeignet.

Balkun: Das kleine Inselchen vor Šolta hat neben einer fantastisch bewachsenen Steilwand, die im 50-m-Bereich in ebenen Sandgrund übergeht, auch noch so manch anderes zu bieten. Beim Austauchen findet man in 16 m Tiefe ein Flugzeugwrack aus dem 2. Weltkrieg. Die Reste der auseinander gebrochenen Kampfmaschine liegen verteilt am Meeresgrund. Die deformierte Schnauze mitsamt der abgebrochenen Flügel sind noch gut erkennbar. Die kleineren Bruchstücke hat sich die Natur bereits wieder zurückgeholt.

Caparin: Einer der schönsten Tauchplätze im Raum von Trogir! Eine reich gegliederte Steilwand führt einen bis in maximal 50 m Tiefe, vorbei an Wäldern von Roten Gorgonien und großen Geweihschwämmen. Einige der zahlreichen Grotten sind groß genug, um den Taucher ein Stück ins Innere der Insel eindringen zu lassen; aber alle Löcher und Spalten wimmeln nur so von Leben. Die Fischvielfalt an diesem Tauchspot der Extraklasse ist außergewöhnlich. Neben den üblichen Highlights trifft man hier fast regelmäßig Katzenhaie, Seeteufel und die ehemals weit verbreiteten Zackenbarsche!

Höhle Drvenik: Auf ebenem Sandboden in 28 m Wassertiefe bohrt sich eine gewaltige Grotte tief in den Fels einer Steilwand hinein. Sie verspricht auch mäßig fortgeschrittenen Tauchern eindrucksvolle Erlebnisse. Die mehr als scheunentorgroße Öffnung erlaubt sogar Tauchgruppen gemeinsam in die Zone des ewigen Dämmerlichtes einzudringen. Etwa 15 bis 20 Meter weit kann man in die geräumige Höhle hinein schwimmen, ehe man zum Umdrehen gezwungen wird. Untersucht man im Schein der Taucherlampe die zahlreichen Spalten und Nischen, stößt man unweigerlich auf zahlreiche Vertreter der Krebstiere. Nicht nur die großen Hummer und Bärenkrebse trifft man an, auch so manche bunt gefärbte Garnele

Kleine Insel vor Murter bei schwach wehender Bora.

Die Krka ist der wichtigste Fluß Mitteldalmatiens. Hier bei Skradin, wenige Kilometer vor der Mündung in die Adria, ist das Wasser bereits leicht salzhaltig.

Manche Tauchplätze der Kornaten brauchen einen Vergleich zu tropischen Meeren nicht zu scheuen. Wälder von Roten Gorgonien lassen jedes Taucherherz höher schlagen (oben). Das Achsengewebe und die dazugehörigen Polypen sind bei der Roten Gorgonie (Paramuricea clavata) stets gleich gefärbt. Daran kann man sie leicht von der ähnlichen Falschen Edelkoralle (Parerythropodium coralloides) unterscheiden.

hat hier ihr Zuhause. Die gewölbeartige Halle reicht vom Sandboden etwa 8 m bis zur Höhlendecke und ist reichlich mit Schwämmen, Korallenpolypen und Moostierchenkolonien bewachsen. Lässt man sich von der Höhlendecke im hintersten Teil der Grotte langsam Richtung Boden sinken, wird man mit einem fantastischen Ausblick belohnt – das leuchtende Blau des Mittelmeeres strahlt plakativ vom Ausgang herein!

TAUCHBASEN

Šibenik:
Neptun-Sub. Professionell geführte Tauchbasis unter kroatischer Leitung, in der Hotelsiedlung „Solaris", 5 km östlich von Šibenik, direkt am Meer gelegen. Unterkunftsvermittlung steht ebenso am Programm, wie Ausrüstungsverleih und -verkauf. Drei Tauchlehrer bilden nach den Richtlinien von CMAS und SSI aus. Mit kleinen Schnellbooten und einem 14-m-Tauchschiff (Sonnendeck, Dusche, WC) werden die Tauchspots der Festlandküste und vorgelagerten Inseln angefahren. Dicht mit Gorgonien bewachsene, überhängende Wände, wo das Zusammentreffen mit Langusten noch keine Seltenheit geworden ist, stehen auf der Tagesordnung. So richtig ins Schwärmen kommen die archäologisch interessierten Neptunsjünger, wenn sie über Felder mit noch unzerbrochenen Amphoren schweben, oder eines der angefahrenen Wracks erkunden. Eine der wenigen Basen mit offizieller Genehmigung, im Nationalpark der Kornaten zu tauchen! Geöffnet von April bis Oktober, bei Gruppenbuchungen auch länger.
Adresse: Büro: Draga 4, HR-22000 Šibenik/Croatia. Tel. & Fax 00385/22/331 444, Mobil: 00 385/98/745 789, E-Mail: neptun@si.hinet.hr, Internet: www.neptun-sub.hr

Trogir:
Trogir Diving Center. Vier Kilometer von der 2000 Jahre alten Stadt Trogir und nur 25 km vom Flughafen Split entfernt befindet sich die vorgelagerte Insel Ciovo. Über zwei Brücken gelangt man zu dem kleinen Fischerdorf Gornji Okrug, in dem Miki Mise und seine Frau Angela eine Tauchbasis betreiben. Nicht nur mit seinen mühevoll zu perfekten und komfortablen Tauchbooten umgebauten Schiffen setzt er neue Maßstäbe in puncto Tauchlogistik. Die eigene Mole mit Kompressorstation erspart Schleppereien. Umfangreicher Ausrüstungsverleih und -verkauf; Unterbringung des eigenen Equipments. Hat man das Glück, in der eigenen Pension unterzukommen, wird man von den hervorragenden Kochkünsten Angelas verwöhnt. Bei Ausfahrten zu den 50 besten Tauchplätzen der Umgebung lernt man nicht nur einige der schönsten Stellen der Adria kennen, sondern kann auch das eigens von Miki versenkte 50 m lange Schiffswrack *Duba* betauchen. Die flache Bucht direkt vor der Basis eignet sich optimal zur Ausbildung oder für

Nachttauchgänge. In Zusammenarbeit mit deutschen Tauchlehrern können CMAS, PADI, SSI oder DAN Kurse absolviert werden. NITROX, Trimix und Rebreatherkurse bereichern das vielfältige Angebot! Kürzlich hat Miki in der Nachbarschaft zwei Außenstellen seiner Basis eröffnet. Eine im Hotel „Medena" und eine in Marina Frapa in Rogoznica. Geöffnet von Ostern bis Ende Oktober (oder nach tel. Anmeldung).
Adresse der Zentrale: Okrug Gornji, Pod Luko 1, HR-21223 Trogir/Croatia. Tel. & Fax 00385/21/886 299.
Mobil: 00385/98/321 396, E-Mail: trogir-diving-center@st.tel.hr, Internet: www.tel.hr/trogir-dc

Die Insel Šolta

Direkt vor der Stadt Split, kaum eine Fährstunde entfernt, liegt die Insel Šolta dicht neben dem weitaus größeren Brač, mit dem es einst verbunden war. Ein Seebeben trennte das Land in zwei Inseln und schuf die Meerenge Splitska vrata, das „Tor von Split". Knapp 1500 Leute bewohnen das hügelige, grüne Eiland, auf dem Wein, Oliven, Feigen und Gemüse kultiviert werden. Durch seine Nähe zur Großstadt Split entwickelte sich Šolta zum vielbesuchten Ausflugsgebiet gerade für stressgeplagte Wochenendurlauber. Dementsprechend ist auch die touristische Infrastruktur zumindest in den Ferienorten Necujam und Maslinica als gut zu bezeichnen.

Church: Nach 20-minütiger Fahrt auf Leos Schnellboot erlebt man hier einen Höhlentauchgang der Extraklasse. In 3 m Wassertiefe öffnet sich der Meeresboden direkt unter dem Boot auf einer Fläche von wenigen Quadratmetern. Durch zwei Löcher taucht man senkrecht hinab in eine dunkle Höhle. Haben sich erst einmal die Augen an die neuen Lichtverhältnisse angepasst, so kommt man während des „freien Falles" aus dem Staunen nicht mehr heraus. Je tiefer man sich sinken lässt, umso größer wird der Durchmesser der Halle; bis man schließlich in 33 m Tiefe bei kristallklarem Wasser die Strahlen der Mittagssonne im hellen Sandgrund reflektieren sieht. Richtet man nun den Blick nach oben, so wird einem erst das ganze Ausmaß der Höhle bewusst. Gleichsam einem riesigen Kirchenschiff verjüngt sich das gigantische Gewölbe nach oben hin, um an seiner Spitze in zwei hell erleuchtete Fenster überzugehen. Verfolgt man den schräg abfallenden Boden des „Kirchenschiffes" weiter, so gelangt man in einer dunklen Ecke zu einem weiteren Gewölbe. Dieses ist allerdings bedeutend niedriger und verwinkelt. Es führt den entsprechend ausgerüsteten Höhlentaucher bis in eine Tiefe von 42 Meter.

Will man – aus welchen Gründen auch immer – keinen Blick in die Höhle riskieren, so bietet sich nach kurzer Schwimmstrecke ein gemütlicher Tauchgang an einer bis auf maximal 23 m Tiefe abfallenden Steilwand an.
Svetac: Nahe der Insel Vis liegt dieser etwas weiter entfernte Tauchplatz, der nur bei Tagesfahrten angesteuert wird. Der steil abfallende Fels des Inselchens setzt sich auch unter Wasser gleichförmig bis in 15 m Tiefe fort. Hier unterbricht ein wenige Meter schmales Podest die reich bewachsene Steilwand, die sich dann bis in 30 m Tiefe fortsetzt. Hier bohren sich mehrere dunkle Höhlen und Grotten in das Gestein. Die größte von ihnen besitzt gar einen Eingang von knapp 10 m Durchmesser und erstreckt sich ca. 15 m tief in den Berg hinein. Hummer und Langusten, Congeraale und Drachenköpfe, Fischschwärme und Gorgonien – dieser Platz bietet genug Überraschungen für zwei Tauchgänge am Tag.
Kamancic: Hier ist ebenfalls eine winzige Insel der Ausgangspunkt für einen erlebnisreichen Tauchgang. Bereits in 5 m Wassertiefe fällt eine senkrechte Felswand ab, um in 42 m Tiefe in fast ebenen Sandgrund überzugehen. Ab einer Tiefe von 15 m überziehen große Exemplare der Gelben Gorgonie den Felsen; ab 25 m folgen die Roten Gorgonien. In den unzähligen Spalten und Löchern verbergen sich neben diversen Krustentieren auch Katzenhaie. Hier verbringen sie schlafend den Tag, um für die nächtliche Jagd nach Muscheln, Schnecken und Krebsen Kräfte zu sammeln. Während der Sommermonate kann man hier fast regelmäßig Katzenhaie beobachten!

TAUCHBASEN

Stomorska:

Diving Center Stomorska. Auf der Südostküste von Šolta gelegen, kann das kleine Stomorska als typischer Badeort bezeichnet werden. Die idyllische Bucht ist von Föhrenwäldern, Palmen und mediterraner Macchia umgeben und vermag dem Besucher ein Gefühl von Ruhe und Geborgenheit zu geben. Am Ende der Bucht, oberhalb des Leuchtfeuers befindet sich die familiär geführte Tauchbasis von Leo Novakovic. Maximal 30 Gäste kann er in seiner neu errichteten Pension bzw. in den Nachbarhäusern unterbringen. Neben der PADI-Ausbildung und dem kleinen Ausrüstungsverleih ist vor allem seine gute Kenntnis der Tauchplätze unbezahlbar. Mit dem basiseigenen Schnellboot erreichen maximal 7 Taucher in kurzer Zeit die schönsten Plätze von Šolta und Umgebung. Bei größerem Andrang steht auch ein geräumiger Holzkutter zur Verfügung.
Da die Familie Novakovic im selben Haus wohnt, ist die Basis auch ganzjährig geöffnet.
Adresse: Leo Novakovic, HR-21432 Stomorska/Šolta/Croatia. Telefon 00385/21/658 121, Internet: http://capita.wustl.edu/solta/people/Leo/LeoHomepage.htm

Auf dem kleinen Inselchen Krapanj in der Gegend von Šibenik wird seit alters her nach Badeschwämmen getaucht.

Die Insel Brač

Direkt Split vorgelagert liegt diese größte der mitteldalmatinischen Inseln. Lange Zeit kannte man Brač nur als Herkunftsort des berühmten marmorähnlichen Kreidekalksteins, der u. a. beim Berliner Reichstag und beim Weißen Haus in Washington Verwendung fand. Touristisch gesehen stand Brač immer ein wenig im Schatten der Nachbarinsel Hvar. Damit ist es aber spätestens seit dem Bau des inseleigenen Flughafens vorbei. Bekannt wurde Brač auch auf Grund seines „Goldenen Horns", dem wohl berühmtesten (natürlichen) Sandstrand an der Küste von Dalmatien.
Dornige Macchia sowie ausgedehnte Föhren- und Pinienwälder prägen das hügelige Landschaftsbild der trockenen Insel. Auf den landwirtschaftlich genutzten Flächen gedeihen vor allem Oliven, Feigen, Kirschen und Rebstöcke. Schafzucht und Fischfang gehören daneben seit jeher zu den Haupteinnahmequellen der Bewohner. Mit Ausnahme des Fremdenverkehrsstädtchens Bol auf der kaum besiedelten Südseite befinden sich die meisten Niederlassungen auf der reich gegliederten Nordküste von Brač.
Taucherisch gesehen hat Brač so ziemlich alles zu bieten, was ein Taucherherz höher schlagen lässt ...

TAUCHBASEN

Supetar:

Divecenter Kaktus. Die meisten Besucher von Brač betreten im Hafen von Supetar das erste Mal den Boden der Insel. Mit seinen anziehenden Sandstränden und Föhrenwäldern ist das 2000 Einwohner zählende Städtchen nach Bol das zweitwichtigste Fremdenverkehrszentrum auf Brač. In der gemütlichen Tauchbasis sind Ausrüstungsverleih und -verkauf neben der Vermittlung von Unterkünften ebenso im Angebot wie die Ausbildung vom Beginner bis zum TL-Assi nach PADI, CMAS, SSI und Barakuda-Richtlinien. Ganzer Stolz der Basis ist das eigens konzipierte 15 m lange Tauchschiff. Maximal 20 Taucher erreichen damit in kürzester Zeit höchst komfortabel die 30 schönsten Tauchgründe der Insel. Geöffnet von Anfang März bis Ende November.
Adresse: Put Pilve 4, HR-21400 Supetar/Brač/Croatia. Tel. & Fax 00385/21/630 421. E-Mail: info@think-dive-company.de, Internet: www.think-dive-company.de
Infos in Deutschland: Think Dive Company: Tel. 08331/47 793, Fax 08331/47 725.

Die Insel Hvar

Die zweite große, der Stadt Split vorgelagerten Insel ist Hvar – ein von der Sonne verwöhntes Naturparadies. Schon seit der Jungsteinzeit bewohnt, wurden die ausgedehnten Ebenen an der Küstenlinie später mit Obst und Gemüse, Oliven und Wein bepflanzt. Aber auch Lavendel- und Rosmarinfelder, blühende Gärten mit Zypressen und Oleander sowie waldbedeckte Gebirgsrücken – von Macchia und Schafweiden unterbrochen – prägen das Erscheinungsbild der Insel. Nicht nur in den mit Touristen überschwemmten Sommermonaten ist Hvar eine Reise wert; mit 2718 Sonnenstunden im Jahresdurchschnitt liegt diese Insel in der Rangliste der sonnenbeständigen Adriareiseziele ganz vorne.
Die Tauchplätze rund um die Insel Hvar zeichnen sich durch extrem klares und warmes Wasser aus. Bemerkenswert sind die zahlreichen Amphorenfundstellen; viele Amphoren sind noch beinahe völlig unbeschädigt! Oft findet man Steilwände, die in der Regel von etwa 10 auf maximal 40 m Wassertiefe senkrecht abfallen, um danach in schräge Sandflächen überzugehen. Betauchbare Höhlen und Grotten, Langusten und Hummer, Schraubensabellen und Mönchsfischschwärme und manchmal auch ein Katzenhai bereichern das Repertoire der dortigen Tauchspots.

TAUCHBASEN

Hvar:

Wolf´s Dive Center. Unweit der Stadt Hvar befindet sich in der idyllischen Bucht „Kalober" die Basis des sympathischen Österreichers Wolfgang Nowak. Wohnen kann man in der angeschlossenen gemütlichen Apartmentanlage mit Süßwasserpool. Auf seinem komfortablen 12-m-Tauchboot erreicht man innerhalb kurzer Zeit die 40 schönsten Tauchplätze der Gegend. Dazu zählen sensationelle Wracks, Steilwände und Grotten! Ausbildung erfolgt nach den Richtlinien von PADI. Geöffnet von April bis November, auf Anfrage auch länger.
Adresse: Wolf´s Dive Center, HR-21450 Otok Hvar/Kalober.
Tel. 00385/915/17 99 67 oder 0043/664/220 72 15, Fax 00385/21/742 592,
E-Mail: info@wolfs-divecenter.com, Internet: www.wolfs-divecenter.com

Jelsa:

Divecenter Hvar/Jelsa. Direkt hinter dem Hafen des beliebten Ferienortes Jelsa findet man die Tauchbasis unter deutscher Leitung im Hotel „Jadran". Ausrüstungsverleih und -verkauf, Unterkunftsvermittlung, Ausbildung nach CMAS, Ausfahrten mit 10-m-Motoryacht und Schlauchboot. Geöffnet von Ostern bis Ende Oktober. Weitere Infos: www.tauchinjelsa.de.

Zum Trocknen aufgelegte Schwämme; auch heute wird noch fleißig geerntet!

Familiengruft auf Krapanj. Der Stolz der Schwammtaucher zeigt sich sogar noch am Grabe.

Die am Fuße von Steilwänden häufigen Langarmigen Springkrebse (Munida rugosa) dürfen nicht mit den kulinarisch geschätzten „Scampi“ verwechselt werden (oben). Der Pfauenlippfisch (Symphodus tinca) verbringt die Nacht schlafend am Boden. Jetzt hat der Fotograf gute Chancen, nahe an das Tier heranzukommen.

Gegensätze: Weltstadt Split (oben) und idyllisches Fischerdorf Stomorska (unten) nur wenige Kilometer entfernt auf der vorgelagerten Insel Solta.

Im Frühjahr blühen die Küsten von Kroatien wortwörtlich auf. Fährt man ein wenig tiefer in den Süden, wie hier auf Solta, so kann man bereits im April baden (oben). Katzenhaie befestigen ihre Eier mit klebrigen Haftfäden an Gorgonien oder Steinen. Abhängig von der Wassertemperatur dauert es 5 bis 11 Monate, bis ein Junghai schlüpft.

Die Küste südlich von Split

TAUCHBASEN

Makarska:
More Sub Diving Center. In einem der beliebtesten Ferienreviere der Dalmatinischen Küste bildet Makarska den touristischen Mittelpunkt der gleichnamigen Riviera. Im idyllischen Naturhafen, eingerahmt von den beiden bewaldeten Halbinseln, liegt direkt neben dem Hotel Dalmacija die nun neu gestaltete Tauchbasis von Bojan Runtic; sie wurde kürzlich zur Taucherpension umgebaut. Das gut ausgestattete PADI und SSI-Center bietet neben zahlreichen Kursen (z. B. Kindertauchen ab 8 Jahren!) auch Ausfahrten zu den nahe gelegenen Tauchspots an. Mit drei unterschiedlich großen Booten werden vor allem Wracks, Höhlen und Amphorenfelder, aber auch Steilwände vor den Inseln Brač und Hvar angesteuert. Geöffnet zwischen März und Oktober sowie auf Anfrage.
Adresse: K.P. Kresimira 43, HR-21300 Makarska. Tel. & Fax 00385/21/611 727, Mobil: 00385/98/265 241, E-Mail: milan.runtic@st.tel.hr, Internet: www.tel.hr/milan.runtic

Podgora:
Birgmaier sub. 70 Kilometer südöstlich von Split liegt das idyllische kleine Fischerstädtchen Podgora. „Unter dem Berg“ ist seine wörtliche Übersetzung und bezieht sich auf die Lage zu Füßen des Biokovo-Gebirges. Auf Grund der südlichen Lage laden schon bald im Frühling die zahlreichen Kiesstrände in den lieblichen Buchten zum Baden ein. Aber hier kann man nicht nur baden! Eine kleine kroatische Tauchbasis bietet ganzjährig (auf Anfrage) ihre Dienste an. 10 Leihausrüstungen und ein kleiner Kompressor vermögen keine großen Gruppen anzulocken. Andererseits birgt das hier praktizierte individuelle Tauchen auch große Vorteile in sich. Abseits vom Massenandrang großer Basen lassen sich hier Tauchgänge an kaum berührten Stellen unternehmen. Höhlen, Schluchten, Schiffswracks, Untiefen und Steilwände locken neben dem glasklaren Wasser der südlichen Adria. Bei mehreren Ausfahrten täglich kann all das selbst erkundet werden.
Adresse: Birgmaier Oleg, Branimirova obala 107, HR-21327 Podgora. Tel. 00385/21/625 134 oder 625 168, Fax 625 022, E-Mail: birgmaier@hotmail.com Internet: http://diving.hr/birgmaier/index.htm

Die Halbinsel Pelješac

Rund 50 km nördlich von Dubrovnik ragt die knapp 70 km lange, schmale Halbinsel ins Meer. Mit einer Fläche von rund 350 km² ist Pelješac nach Istrien die zweitgrößte Halbinsel Kroatiens. Hohe, karge Gebirgszüge rahmen die fruchtbaren und lieblichen Täler auf der Südseite der Halbinsel ein. Hier werden seit alters her Oliven, Feigen, Zitrusfrüchte und Weinreben kultiviert. Fischfang und Muschelzucht sind auch heute noch wichtige Erwerbsquellen für die Bewohner der wenigen Ortschaften.
An den südlichen Ufern der Halbinsel Pelješac befindet sich, von hundertjährigen Olivenhainen und Weingärten umgeben, der kleine Ort Zuljana. Die ca. 200 Einwohner befassen sich mit Olivenzucht, Weinbau und Fischerei. Neben vielzähligen Sand- und Kiesstränden lockt auch die einzige Tauchbasis weit und breit.

Torpedoboot: Das deutsche Torpedoboot wurde im Jahre 1944 mittschiffs getroffen und versenkt. Heute ruht es aufrecht auf seinem Kiel in einer Tiefe von 40 m, direkt am Fuße einer steilen Felswand. Erst vor wenigen Jahren wurde das Wrack entdeckt, als zufällig ein Fischer mit seinem Netz an den gut erhaltenen Fliegerabwehrkanonen hängen blieb. Das Stahlgerüst mit seinen Holzplanken, aus denen unzählige Nägel herausragen, ist ebenfalls noch gut erhalten. Seine höchsten Teile ragen bis in 22 m Tiefe herauf. Zwei Torpedos liegen noch an Deck, zwei weitere stecken in den Torpedorohren. Im eigenen Interesse sollte man jedoch nichts anfassen, denn es liegt vermutlich noch scharfe Munition herum.
Der spärliche Bewuchs am Wrack wird durch die nahe mit Gorgonien bestandene Steilwand ausgeglichen und verhilft auch einem nicht Wrackbegeisterten zu einem erlebnisreichen Tauchgang.

Zementfrachter: Etwa 30 Jahre soll es her sein, dass der vollbeladene kroatische Zementfrachter in einem schweren Sturm gesunken ist. Nun liegt er auf seinem Kiel in 15 bis 37 m Wassertiefe und bildet mit seinem erhärteten Zement ein künstliches Riff. Hunderte der sauber gestapelten Zementsäcke liegen nun frei zwischen den Resten der großenteils verrotteten Holzteile des ehemaligen Schiffes. In den Löchern und Spalten zwischen den Säcken tummelt sich heute das Leben. Drachenköpfe, junge Congeraale, Langusten und andere Krustentiere haben sie längst als Wohnhöhlen adaptiert.

Tropfsteinhöhle: Eine absolute Seltenheit stellt diese Unterwasser-Tropfsteinhöhle in den Felswänden der Halbinsel Pelješac dar. Bis zu sechs Taucher auf einmal können in die geräumige Höhle eindringen und die zauberhaften Tropfsteingebilde, die überall an den Decken hängen und mancherorts auch vom Boden aufstehen, bewundern. Die glasklare Sicht reizt zusätzlich, und man fühlt sich

Reich bewachsene Steilwand in 40 m Wassertiefe (oben).
Hier trifft man auch gelegentlich den Heringskönig (Zeus faber) an. Er wird nicht nur auf Grund seiner eigenwilligen Körperform geschätzt. Der bis zu 20 kg schwere Fisch gilt als ausgezeichneter Speisefisch.

tatsächlich wie in einem Märchen aus 1001 Nacht! Allerdings finden hier nur geführte Tauchgänge mit Leinensicherung und gut ausgebildeten Tauchern statt.

TAUCHBASEN

Zuljana:
Tauchbasis Dragan & Willi. Die alteingesessene, kleine Basis unter deutsch-kroatischer Leitung ist seit jeher auf erfahrene Taucher mit kompletter Ausrüstung zugeschnitten. Die Bestände der Leihausrüstung wurden jedoch aufgestockt. Die Basis und der 15 m lange Tauchkutter sind nur durch eine Straße voneinander getrennt – langes Geräteschleppen entfällt. Maximal 25 Taucher erkunden damit die großteils nahe gelegenen Tauchgründe. Vor allem gut erreichbare Wracks und Höhlen machen die Highlights der Umgebung aus. Auch gut erhaltene Amphorenfelder aus der Zeit der Römer kann man hier noch bestaunen. Die flache Bucht direkt vor der Haustüre lädt zu Nachttauchgängen ein. Die Unterbringung erfolgt in der basiseigenen Pension oder den nah gelegenen Campingplätzen. Neu ist, dass Willi nun auch Wasserskikurse und Action & Fun auf Tube und Banane anbietet. Geöffnet von Ostern bis Ende Oktober.
Adresse: Dragan Lopin, HR-20247 Zuljana/Croatia. Tel. 00385/20/756 108 oder 756 149, E-Mail: dragan-willi@tauchbasis-zuljana-kroatien.de, Internet: www.tauchbasis-zuljana-kroatien.de
Infos in Deutschland: Willi Thelen, Nideggener Str. 95, D-53881 Euskirchen. Tel. 02251/53167 oder 0171/504 6420, Fax 02251/780 101.

Diese Tauchbasis stellt meines Wissens die südlichste offiziell geführte Tauchbasis unter deutscher Leitung von ganz Kroatien dar.
Auf der Web-Site der kroatischen Organisation „Pro Dive Croatia“ http://www.diving.hr findet sich noch so manche andere, nicht im Text erwähnte Tauchbasis. Dort lassen sich auch kroatische Basen auf den südlichsten Inseln Dalmatiens und sogar in Dubrovnik auftreiben.
Falls eine Tauchbasis nicht in diesem Führer aufscheint, so geschah dies keineswegs in böser Absicht. Auf mehreren Fahrten durch ganz Kroatien sowie durch unzählige Stunden im Internet, E-Mails, Briefe, Faxe und Telefonate versuchte ich jede empfehlenswerte Tauchbasis aufzunehmen. Gerade durch den touristischen Aufschwung der letzten Jahre entstand und entsteht noch so manche Basis neu.

Falls Sie, liebe Leser, eine hier nicht erwähnte – ihrem Dafürhalten nach gute und empfehlenswerte – Tauchbasis in Kroatien entdecken, bitte ich um Kontaktaufnahme mit dem Verlag oder direkt mit mir unter: w.poelzer@sbg.at

Informationen von A bis Z

Anreise

Mit dem Flugzeug

Der internationale Flughafen befindet sich in Zagreb und wird von mehreren europäischen Städten direkt angeflogen. Von dort gibt es Flugverbindungen nach Pula, Split, Dubrovnik, Rijeka, Brač, Mali Lošinj und Zadar. Seit 1997 werden auch Direktflüge von vielen europäischen Flughäfen an die kroatische Küste angeboten.

Mit der Bahn

Von den Küstenstädten sind nur Pula, Rijeka, Zadar, Šibenik und Split auf dem Schienenweg zu erreichen. Allerdings verläuft die Strecke ab Rijeka im Hinterland und nicht entlang der Küste.

Mit dem Auto

Die schnellste Anreiseroute aus Deutschland ist die Strecke über München – Salzburg – Tauernautobahn – Villach – Karawankentunnel – Lubljana – Opatija – Rijeka. Will man mit dem eigenen Pkw bis nach Dubrovnik, ist die Fähre ab Rijeka einer 10-stündigen Tortur auf desolaten und kurvenreichen Straßen mit Sicherheit vorzuziehen. Auch zu den vorgelagerten Inseln bestehen vor allem zur Hauptreisezeit ausgezeichnete Fährverbindungen.

Arzt

Unfallrettung: Tel. 94
Die medizinische Versorgung in den Touristengebieten kann als gut bezeichnet werden. Es gibt ausreichend Ärzte, Krankenhäuser und Apotheken. Auslandskrankenscheine werden meist akzeptiert. In schwerwiegenden Fällen empfiehlt sich ein Krankenrücktransport ins Heimatland.

Auskunft

Kroatische Zentrale für Tourismus DEUTSCHLAND:
Tel. (069) 23 14 02, Fax 23 85 35 20, E-Mail: kroatien-info@gmx.de
Kroatische Zentrale für Tourismus SCHWEIZ:
Tel. (01) 368 60 30, Fax: (01) 361 32 29, E-Mail: info@croatia-tours.ch
Internet: www.croatiatours.ch

Kroatische Zentrale für Tourismus ÖSTERREICH:
Tel. (01) 585 38 84, Fax 585 38 84 - 20, E-Mail: office@kroatien.at
Internet: www.kroatien.at

Des Weiteren befindet sich in jedem noch so kleinen Küstenstädtchen mindestens ein „turist biro“. Dabei handelt es sich um meist ganztägig geöffnete Informationsstellen, die unter anderem auch Privatunterkünfte vermitteln – also um die wichtigsten Anlaufstellen vor Ort.

Baden

Kann man nahezu überall, wo man ans Wasser kommt. Mit einer ca. 1000 km langen Küstenlinie – die vorgelagerten Inseln nicht miteingerechnet – erweist sich Kroatien als ideales Baderevier. Unzählige, teils winzige Kiesbuchten versprechen Erholung pur. Zahlreiche FKK-Strände erlauben nahtloses Bräunen. An allen anderen Stränden darf zumindest „oben ohne“ gebadet werden.

Behindertenausbildung

Scuba Rovinj sowie PADI-Diving Cres bieten auf Anfrage Tauchausbildung für Gehörlose an.
Dolphin Divers aus Biograd bieten ebenfalls auf Anfrage Ausbildungsmöglichkeiten für Behinderte an.

Botschaft

Botschaft der Republik Kroatien: Ahornstr. 4, D-10787 Berlin.
Tel. (030) 2191 5514, Fax (030) 2362 8965, E-Mail: info@kroatische-botschaft.de
Botschaft der Republik Kroatien: Heuberggasse 10, A-1170 Wien.
Tel. (01) 489 0531, Fax (01) 480 2942, E-Mail: vlprhbec@reinprecht.at
Botschaft der Republik Kroatien: Thunstr. 45, CH-3005 Bern.
Tel. (031) 952 66 59/63, Fax (031) 952 66 93, E-Mail: croatia.embassy.ch@thenet.ch

Vertretungen im Reisegebiet
Deutsche Botschaft: Avenija Vukovar 64, HR-10000 Zagreb.
Tel. (01) 615 81 00 02/05, Fax (01) 615 55 36,
E-Mail: deutsche.botschaft.zagreb@inet.hr
Internet: www.deutschebotschaft-zagreb.hr

Österreichische Botschaft: Jabukovac 39, HR-10000 Zagreb.
Tel. (01) 483 44 57/59, Fax (01) 483 44 61, E-Mail: agram-ob@bmaa.gr.at
Schweizer Botschaft: Bogoviceva 3, HR-10000 Zagreb.
Tel. (01) 481 08 91, Fax (01) 481 08 90, E-Mail: vertretung@zag.rep.admin.ch

Camping

Der Campingtourismus kann in Kroatien auf eine lange Tradition zurückblicken. Etwa 70 Campingplätze verteilen sich entlang der Küste sowie den vorgelagerten Inseln; einige davon bleiben ausschließlich Nudisten vorbehalten. Viele Plätze verfügen über eigene Strände, Restaurants und umfangreiche Sport- und Freizeitangebote, die mancherorts bis hin zu angeschlossenen Tauchbasen reichen. Die meisten Plätze sind nur von April bis Oktober geöffnet.

Dekokammer

An der kroatischen Küste befinden sich zwei einsatzbereite Dekokammern. Eine erstklassige Militärkammer in Split sowie eine etwas kleinere im Militär-Krankenhaus von Pula.
Pula: Oxy-Policlinica Za Baro Medicinu,
Tel. und Fax 052/217 877 oder 052/245 72.
Split: Institut Za Pomorsku Medicinu, Tel. 021/355 533/2209.

Einkaufen

In Kroatien gibt es alles, was der Taucher während seines Urlaubs brauchen könnte. Ihn erwartet allerdings kein Shopping-Paradies. Großkaufhäuser westlichen Standards fehlen meist noch. Stattdessen gibt es oft farbenprächtige Straßenmärkte, wo man von frischem Fisch, Obst und Gemüse, über Fleisch, Backwaren und Textilien bis hin zu den unterschiedlichsten Souvenirs alles käuflich erwerben kann, was das Herz begehrt. Gerade bei solchen Anlässen ist Handeln angebracht, obgleich die junge Generation immer mehr davon abkommt und Fixpreise verrechnet.
Läden für Spezialausrüstung und Tauchzubehör sind dünn gesät. Das Angebot einiger größerer Tauchbasen umfasst allerdings auch Ausrüstungsverkauf.

Elektrizität

Die Netzspannung beträgt in ganz Kroatien 220 Volt Wechselspannung. Die gängigen Eurostecker passen überall problemlos; für Schukostecker kann mancherorts ein Adapter vonnöten sein.

Essen und Trinken

Die kroatische Küche hat weit mehr zu bieten als die bekannten Ševapčići (Hackfleischröllchen) und Ražnjići (Fleischspieße). Obwohl die einheimische Hausmannskost eher deftig und mitunter auf Grund des oftmals hohen Fettgehaltes schwer verdaulich ist, sollte man sich nicht scheuen, ein wenig abseits der Touristenpfade die Geheimnisse der Kochtöpfe zu ergründen. Lammfleisch, gegrilltes Rindfleisch mit Pilzen sowie luftgetrocknetes und mariniertes Schweinefleisch gehören eher zu den Spezialitäten des Hinterlandes. In den Küchen der Küstenregionen werden vornehmlich fangfrische Meeresfrüchte zubereitet. Hier zählen „Scampi buzara“ (Krebsschwänze in Tomaten-Knoblauch-Sauce) zu den Pflichtspeisen, die man einmal probiert haben muss.
Nach dem Essen rückt ein selbst gebrannter Traubenschnaps oder ein Sljivovica (Pflaumenschnaps) den Magen wieder an die richtige Position.

Füllstationen

Abgesehen von den zu den Tauchbasen gehörenden Kompressoren gibt es noch in manchen größeren Küstenorten Füllmöglichkeiten bei kroatischen Tauchclubs. Allerdings bestehen hier keine fixen Öffnungszeiten, und oft entspricht die Luftqualität auch nicht den gewohnten Ansprüchen. Benötigt man dennoch einmal dringend gefüllte Flaschen, so muss man sich nach einem „ronjenje centar“ (Tauchcenter) durchfragen.

Geld

Die kroatische Währung ist seit Ende Mai 1994 der Kuna (HRK). 1 Kuna = 100 Lipa = ca. 0,14 € (1 € = ca. 7,13 HRK). Den besten Wechselkurs erhält man in den kroatischen Banken. Ebenfalls tauschen kann man an allen Postämtern, den meisten privaten „turist biros“ sowie in vielen Hotels und Campingplätzen. Die Ein- und Ausfuhr der kroatischen Währung ist auf einen Höchstbetrag von 2000 Kuna beschränkt. Kreditkarten werden meist nur bei internationalen Autovermietern, in größeren Hotels und Restaurants akzeptiert.

Klima

An der Küste und den vorgelagerten Inseln herrscht ein ausgeprägt mediterranes Klima. Die Sommer sind trocken und warm, die Winter mild und feucht. Im Hinterland ist das Klima submediterran, d. h. die Winter sind kälter und die Sommer heißer. Schnee fällt an der Küste nur alle 50 Jahre. Die hauptsächlich im Winter wehende „Bora" kann auch hier gelegentlich für Minustemperaturen sorgen. Die Bora ist ein trockener, kalter Wind, der vom Landesinneren weht und Geschwindigkeiten von mehr als 120 km/h erreichen kann. Weht die Bora zu stark, können meist nur wenige Tauchplätze mit dem Boot angefahren werden. Der feuchtwarme „Jugo" ist das Gegenstück zur Bora und bläst aus südöstlicher Richtung. Er sorgt für Wolken und Niederschläge. Der angenehmste Vertreter unter den Winden ist der „Maestral". Er ist der typische Schönwetterwind, der einem die Sommerhitze an der Küste ein wenig erträglicher macht.
Tipp am Rande: Ist es an der Küste bewölkt und regnerisch, so kann schon auf den wenige Kilometer entfernten, vorgelagerten Inseln die Sonne scheinen.

Nachtleben

Lange kroatische Nächte bieten sich geradezu für einen Nachttauchgang an. Tiere, die am Tage verborgen oder für den interessierten Beobachter zu schnell in weiter Ferne entschwunden sind, können im Schein der Tauchlampe eingehend bewundert und fotografiert/gefilmt werden.
Wer unter „Nachtleben" Bar- und Discobesuche versteht, kommt in den Touristenhochburgen voll auf seine Kosten.

Notrufnummern

Polizei: 92
Feuerwehr: 93
Rettung: 94
Pannenhilfe: 987

Öffnungszeiten

Gesetzlich festgelegte Ladenöffnungszeiten existieren in Kroatien nicht. Die meisten Läden sind von 8.00 bis 13.00 und von 16.00 bis 20.00 Uhr geöffnet. Während der Hochsaison arbeiten viele Betriebe durchgehend. Auch an Sonn- und Feiertagen findet man zumindest vormittags immer ein geöffnetes Lebensmittelgeschäft.

Post

Ein gelbes Schild mit der Aufschrift „HPT“ kennzeichnet die kroatischen Postämter. In den vielbesuchten Küstenorten sind sie im Sommer meist ganztägig – außer Sonntag – durchgehend geöffnet. Das Telefonieren ins Ausland ist von hier aus am preisgünstigsten. Karten und Briefe nach Deutschland sind im Schnitt 3 bis 5 Tage unterwegs.

Reisezeit

Als die beste Tauchreisezeit gelten die Monate Mai und Juni sowie September und Oktober. Im Frühling lockt sowohl die imposante Blütenpracht der kroatischen Flora – vor allem die herrlich anzusehenden gelben Ginsterhänge – als auch die schon angenehme Temperatur von durchschnittlich 23 °C. Der Herbst zeichnet sich durch noch angenehme Wassertemperaturen von etwa 20 °C aus. Er bietet sich nicht nur für kurzfristige Wochenendtrips an, sondern ist mit den besten Sichtweiten für einen längeren Tauchurlaub ideal. Für das Sommerhalbjahr empfiehlt sich ein 5–7 mm dicker Nasstauchanzug. Wenn Ende Januar die Meerestemperaturen auf knapp über 10 °C absinken, ist ein Trockentauchanzug angebracht.

Sprache

Kroatisch. Verständigungsprobleme gibt es kaum, da man in allen touristisch erschlossenen Gebieten auf die hauptsächlich deutschsprachigen Urlauber eingestellt ist. Sei es bei Hinweisschildern für Zimmervermietung, bei Sehenswürdigkeiten oder auf Speisekarten – immer wieder findet man etwas in deutscher Sprache. Die jüngere Generation spricht vielfach auch Englisch. Auf den Tauchbasen wird durchweg deutsch sprechendes Personal eingesetzt.

Tauchbasen

Die meisten Tauchbasen sind von Ostern bis Allerheiligen geöffnet, halten aber bei Gruppenbuchungen bzw. nach Absprache auch länger offen oder sperren sogar extra auf, z. B. über Weihnachten.
Fast alle Basen können selbst und unbürokratisch die benötigten Tauchgenehmigungen (siehe dort) ausstellen.
Unterkünfte werden von nahezu jeder Tauchbasis vermittelt. Bei den ganzjährig geöffneten Basen sollte man vorsichtshalber während der Winterzeit telefonisch Kontakt aufnehmen, will man nicht doch einmal vor verschlossenen Toren stehen.
Sehr beliebt und (auf Anfrage) fast überall möglich sind Ganztagesfahrten mit Grillen, Picknick... auf einer einsamen Insel/Strand.
In einigen größeren Städten befinden sich auch „nur“ Füllstationen ohne angeschlossene Tauchbasis. Dabei handelt es sich meist um kroatische Tauchclubs, die gnädigerweise auch Touristenflaschen füllen. Bei einzelnen solcher Einrichtungen empfiehlt es sich, zuerst den Kompressor zu inspizieren und erst danach über Füllen oder nicht Füllen zu entscheiden.

Tauchgenehmigung

Um in Kroatien ungehindert tauchen zu dürfen, benötigt man seit 1. Januar 1996 wieder eine schriftliche Tauchgenehmigung.

Die Tauchgenehmigung kann von jeder offiziellen Tauchbasis direkt ausgestellt werden und kostet 100 Kroatische Kuna (HRK), was etwa 15,– € entspricht. Sie wird nur an ausgebildete Taucher vergeben. Die Tauchgenehmigung erfolgt über den Kroatischen Tauchverband in Zagreb und ist ab dem Ausstellungsdatum für 1 Jahr gültig.

Mit einer Geldstrafe von 1000 Kuna bis 4000 Kuna (150,– € bis 565,– € können Privatpersonen bestraft werden, die
1. ohne gültige kroatische Tauchgenehmigung tauchen (Artikel 5)
2. über die max. erlaubte Tiefe von 40 m tauchen (Artikel 9).

Tauchverbote – Sperrgebiete

Das Sporttauchen wurde in Kroatien 1996 gesetzlich neu geregelt:
Das Tauchgebiet muss sichtbar markiert werden, und zwar
– durch eine rote Boje mit einem Mindestdurchmesser von 30 cm im Zentrum des Tauchgebietes oder
– durch Setzen der Taucherflagge.
Das Tauchen ist kroatischen Staatsbürgern, Ausländern oder Tauchschulen nur gestattet, wenn sie eine vorübergehende Genehmigung (siehe Tauchgenehmigung) vorweisen können.

Tauchen ist verboten:

- in Häfen, Hafenzufahrten sowie verkehrsreichen Gewässern,
- in Binnengewässern oder Küstengewässern, in denen das Tauchen durch Sondervorschriften oder Anweisungen der örtlichen Verwaltung geregelt ist,
- in den Naturschutzgebieten der Inseln Mljet, Kornati, Krka, Brioni sowie dem Limski-Kanal und dem Kanal von Mali Ston,
- in der Nähe von Militärgebäuden oder Kriegsschiffen in einer Entfernung von weniger als 300 m,
- Insel Vis,
- Insel Lastovo,
- Archipel Palagruža,
- Insel Bruznik,
- Insel Jabuka,
- Insel Sušac,
- Insel Mljet,
- Halbinsel Premuda,
- Insel Ivan na Pučini.

Die Bergung von Unterwasser-Funden (Amphoren, Gegenstände aus Wracks...) ist strafbar.

Bei einem Verstoß gegen diese Vorschriften werden Geldstrafen bis zur Höhe von 15 000 Kuna (ca. 2120,– €) verhängt.

Trinkgeld

In Restaurants ist das Trinkgeld grundsätzlich nicht im Preis enthalten. 10 Prozent des Rechnungsbetrages gelten als angemessen, werden aber nicht unbedingt erwartet.

Unterkunft

Das Angebot an Übernachtungsmöglichkeiten ist vor allem in den vielbesuchten Küstenregionen groß. Gerade für die Monate Juli und August empfiehlt es sich, rechtzeitig Reservierungen vorzunehmen. Die Palette reicht von einfachen Privatzimmern über Campingplätze und Apartments bis hin zu Hotels aller Kategorien. Die meisten der großen Hotels sind verstaatlicht und stammen noch aus der jugoslawischen Ära. Ausstattung und Service erinnern in vielen Fällen noch an sozialistische Zeiten. Die meist kleineren, privat geführten Hotels bieten zwar nicht das gleiche Sport- und Freizeitangebot ihrer staatlichen Konkurrenten, dafür ist das Preis-Leistungsverhältnis oft bedeutend besser. Bei Tauchern beliebter sind sowieso oft Apartments und Privatzimmer. Das Trocknen der nassen Anzüge ist hier unkomplizierter, und der Tagesablauf lässt sich auch individueller gestalten. Erwähnenswert ist die Tatsache, dass so gut wie jede Tauchbasis Unterkünfte vermittelt.

Zeit

In ganz Kroatien gilt die mitteleuropäische Zeit (MEZ). Auch während der Sommermonate besteht kein Zeitunterschied zu Deutschland.

Zollbestimmungen

Da Kroatien nicht zur EU gehört, gelten relativ strenge Einfuhrbeschränkungen für Alkohol und Tabak. Reist man am Landweg in ein EU-Land ein, so darf man derzeit z. B. nicht mehr als 25 Zigaretten oder 5 Zigarren einführen ...

Tauchkreuzfahrten

SAIL & DIVE: Der Österreicher Marc Veit unternimmt mit seinem Zweimast-Gaffel-Segler *Maud* regelmäßig ein- oder zweiwöchige Tauchtörns in die Inselwelt der Kornaten. Maximal 10 Gäste haben auf dem 22 m langen Eichenschiff genügend Platz, um zwischen den Tauchgängen zu relaxen. Das 120 PS starke Schlauchboot ist nicht nur ideal, sich mit Wasserski oder Reifen zu vergnügen, sondern auch für Tauchplätze, wo das Mutterschiff nicht ankern kann. 12- und 15-l-Flaschen sowie ausreichend Blei befinden sich an Bord, die restliche Ausrüstung muss selbst mitgebracht werden. Ausgangs- und Endpunkt der Reise ist im Yachthafen von Punat auf der Insel Krk.

Info & Buchung: Sail & Dive: Tel. 0043/664/1328730 oder mobil (Schiff) 00385/91/52 39 864, privat: 00385/51/22 10 91, Fax 00385/51/22 00 83, Internet: www.sail-and-dive.com, E-Mail: saildive@sail-and-dive.com

DIVING CENTRE MOŠĆENIČKA DRAGA: Jani Kovacec unternimmt mit seiner *Vranjak* mehrtägige Kreuzfahrten in Dalmatien bis zu den Kornaten. Zwischen 4 und 14 Tagen dauern die Tauchtörns, die maximal 19 Gäste zu den schönsten Tauchgründen der Adria bringen. 2 Kompressoren und 70 qm Sonnendeck lassen auf dem 24 m langen 2-Mast-Motorsegler die Taucherherzen höher schlagen. Abfahrt und Ankunft ist in Zadar (Marina Sukosan).
Info & Buchung: Barbara & Jani, Tel. 00385/51/294 415, Fax 00385/51/293 415. E-Mail: bj@ri.tel.hr oder jani.kovacec@ri.tel.hr, Internet: http://www.b-j.hr und http://www.tauchenkroatien.com

KRON DIVING CENTER: Gleich mit 2 Kreuzfahrtschiffen bringt Andreas Kron seine tauchbegeisterten Gäste zu den schönsten Spots der Adria. Der Motorsegler *Anton* und ein weiteres Charterschiff bieten ausreichend Platz für jeweils maximal 13 Taucher. Zwischen den zahlreichen Abstiegen in die Unterwasserwelt bleibt genügend Zeit, um am Sonnendeck ausgiebig zu relaxen. Ausgangs- und Zielhafen ist die Insel Rab. Neu und sensationell ist die Möglichkeit für NITROX- und TRIMIX-Tauchfahrten.
Info & Buchung: Annette & Andreas, Tel. 00385/51/776 620, Fax 00385/51/776 630. E-Mail: info@kron-diving.com, Internet: www.kron-diving.com

DENNI-DIVERS: Eine geniale Lösung für Tauchkreuzfahrten hat diese Barakuda Tauchbasis unter deutscher Leitung gefunden. Der komfortable 18,5 m lange Motorsegler *Polet* dient zum Wohnen und Wohlfühlen, während das 10,5-m-Begleitboot *Pista* die schwimmende Tauchbasis darstellt! So kann auch der nicht tauchende Gast Erholung pur, gänzlich ohne Kompressorlärm und nasse Tauchklamotten genießen. Auf 7- oder 14-tägigen Trips lässt sich so die Inselwelt Dalmatiens (natürlich auch die Kornaten) erkunden. Die Einschiffung erfolgt jeweils Samstagnachmittag in der Marina von Zadar.
Info & Buchung: Alexander Bahr, Tel. und Fax 030/45 49 32 26, Mobil: 0171/63 53 723, E-Mail: info@denni-divers.de, Internet: www.denni-divers.de

ADRIATIC MASTER DIVE CENTER: Diese istrianische Tauchbasis unternimmt von Vrsar aus 4- und 7-tägige Tauchkreuzfahrten auf dem Motorschiff „Y". Das 23 m lange Boot ist mit absenkbarer Tauchplattform und 3 Beibooten optimal für ihre komfortablen Trips gerüstet, die bis zu den Kornaten hinunter führen. Maximal 12 Gäste finden ausreichend Platz und können sich von der österreichisch-kroatischen Crew verwöhnen lassen.
Info & Buchung: Tel. 00385/52/441 784, Mobil: 0043/664/130 14 10, Fax: 00385/52/442 164, E-Mail: amdc@scuba.at, Internet: www.scuba.at